❖福祉の役わり・福祉のこころ❖

「いま、ここで」のかかわり

まえがき

「福祉の役わり・福祉のこころ」シリーズ第六集『「いま、ここで」のかかわり』を発刊できることを感謝したいと思います。

前半の「宗教と福祉――仏教福祉の立場から」は、石川到覚先生のご講演をもとにまとめたものを収録させていただきました。石川先生には、本学の柏木昭名誉教授、助川征雄教授および相川章子教授が、長年、親しく学問上の交流をさせていただいています。

聖学院大学は、キリスト教の理念を基に設立された大学です。しかし、卒業生が働く日本社会には、根底に仏教の思想・文化・習慣が深く浸透し基盤をなしています。仏教における人間観もよく理解して、当事者（クライエント）や関係者の方々と接してほしいという願いがあります。石川先生の講演会にも、キリスト教関係の講演会とは若干異なる方々のご来場をいただいたような感想があります。

すでに、本シリーズ第二集にも、淑徳大学学長長谷川匡俊先生による、「福祉教育における宗教の役割」と題する仏教福祉の立場からのご講演がまとめられています。

後半の「特別講義　人間福祉スーパービジョン――グループスーパービジョンの経験を通して」は、柏木名誉教授による、「聖学院大学人間福祉スーパービジョンセンター」の実践からの報告です。同センターは二〇〇八年に、聖学院大学総合研究所の事業の一つとして創立されました。同センターの研究成果のひとつとして、聖学院大学出版会から『人間福祉スーパービジョン――ソーシャルワーカーを支える』が二〇一二年五月に発刊されています。この特別講義は、『人間福祉スーパービジョン』の続編あるいは実践例であるとも言えるでしょう。柏木先生は、過去四十余年にわたり一貫して、グループスーパービジョンを継続・実践されてきました。その経験に裏打ちされた貴重な報告です。

聖学院大学人間福祉学科は一九九八年に、大学院人間福祉学研究科は二〇〇六年に、それぞれ開設されました。大学院研究科設立のときに、修士号の名称をめぐって、許認可を所轄する省庁の担当官と、かなり厳しいやりとりがありました。学部の代表者として同席した時のことが強く印象に残っています。「修士社会福祉学」にしてはどうかとの担当官の強い勧告に対し、大木英夫理事長（当時）は、「人間福祉学」でなくてはならない理由を繰り返し説明・説得しました。

若いころ、十年弱勤務した北里大学に一九七一年、戦後初めて医学部が新設されました。創設まもなく、北里大学病院の中に、「医の哲学と倫理を考える部会（委員長坂上正道教授）」が設置され、公開講演会を開催しました。その記録集第一集は、一九八四年に、『医の心――医の哲学と倫理を考える（一）』（丸善）として出版されています。第一集の著者（講演者）には、澤瀉久敬、山本俊一、高見澤潤子、柏木哲夫、井上洋治、大木英夫、佐治健治郎といった七名の先生が名前を連ねています。

聖学院大学人間福祉学部および大学院人間福祉学研究科においても、創立期の理念を継承するとともに、「人間福祉学」とは何かを常に考え、研究・教育・実践に携わるために、「福祉のこころ」研究会を発足させました。学内・学外のご理解とご協力を得て、「福祉のやくわり・福祉のこころ」シリーズの刊行を続けられております。現在までに、阿部志郎、長谷川匡俊、濱野一郎、岩尾貢、平山正実、岸川洋治、柏木昭、日野原重明の各先生からご講演をいただいております。

関係者各位のご支援・ご援助に感謝申し上げます。

二〇一三年二月

聖学院大学総合研究所「福祉のこころ」研究会を代表して

聖学院大学人間福祉学部・大学院人間福祉学研究科　中村　磐男

「いま、ここで」のかかわり

目次

宗教と福祉
―仏教福祉の立場から―

石川　到覚

はじめに

仏教との出会い

まず、私と仏教との出会いをお話ししておきます。たまたま寺で生まれてしまったということです。仏教に信仰を寄せて個人の判断でというよりも、寺で生まれ育ってしまったので、仏教のことを考えていくことにならざるをえなかった、という部分もあろうかと思います。

それはさておき、ご存じのように、仏教は釈迦《しゃか》（紀元前四六三年？）が開祖したと言われています。その生涯についてはいろいろな研究者がいろいろ言っていますが、仏教を開いたということは、確かな事実です。それを日本において、釈迦の教えを日本的に解釈して新たな宗派をつくった人が法然上人で、浄土宗を開宗したわけです。ちょうど今年、二〇一一年が八〇〇年のご遠忌《おんき》です。親鸞《しんらん》聖人も七五〇年のご遠忌なので、今京都に行かれると、その遠忌でいろいろなお祭りをあちこちでやっているかと思います。

法然、親鸞ともども、ご存じのように阿弥陀一仏を信仰のよりどころにしていくということで、日蓮宗は法華経を大事にしますから「お題目」という言い方をしますが、私たち浄土宗は「お念仏」を唱えます。そのお念仏を父の声でずっと聞いていると、それはもう毎日の食事のように入ってきますので、その世界にいることは私にとって何の不思議もないことでした。

しかし、やはり思春期になって、こんなに堅苦しい世界の中で、なぜ私は生きなければいけないかと、寺から出ようと思いました。そうした考えを持っていたところ、父の具合が悪くなってきて、跡を継がなければならないということになりました。大学二年生のときに父を送りましたが、そうした身近な人の死を通じて、いわゆる信仰というか、宗教の重要な意味がようやくわかってきたということがあり、実はそこで精神保健福祉の領域に入っていこうと考えたわけです。

実践・教育・研究の三位一体を求めて

大正大学にはカウンセリング研究所があります。そちらに大学院の修士課程と同じような研究科が置かれていて、そこで勉強させていただきました。そこを修了後に柏木昭先生が研究員でいらした千葉県の市川にあった国立精神衛生研究所の非常勤の職員にならないかというお声をちょうだいしました。それ以来、柏木先生とずっとご縁を深めさせていただいて、四十年になろうかと思います。

そうしたご縁から、神奈川県職員として、神奈川県立精神衛生センターに勤めました。そちらに五年ぐらいおりましたところ、大学に戻ってこいという命令を受けました。ところが、給料が大変下がってしまうことがわかりました。長男が生まれたばかりで、準生活保護世帯のような状態になりました。保育料免除の申請をしませんか、と幼稚園から言われてしまうような状況でした。でも、やはり母校に戻らなければならないと思い、教員生活に入りました。

そして現在も大学の教員と住職を兼務していますが、自坊の境内に精神に障がいのある方が利用する地域作業所とグループホームを用意して支援してきました。残念ながら手狭になったために引っ越していかれました。その後どうしようかと考えていたところ、教え子が介護関連会社の営業部長をしていたので、その企業とのコラボレーションで二〇一〇年の秋、認知症対応のグループホームを設立しました。

そのように私は、仏教学の専門ではありませんが、住職と福祉の実践、教育、研究と、この四つを何とか折り合いをつけながら今までやってきたという人間です。

さて、今日お話ししたい柱は三つあります。

一つ目は、仏教における人間観、あるいは世界観。どんな人間観や世界観があるかという話をしたいと思っています。

二つ目は、やはり福祉を考えるときに一番イメージしやすい人、状況を考えると、病と障がいのある人かと思います。そうした方々に対してどんな視点で、どんなまなざしで考えているのか、私がとらえているところをお話ししたいと思っています。

三つ目の柱は、仏教福祉の援助にかかわる実践理念についてです。仏教の福祉実践をどのように整理したらよいのかということについてはいろいろ考えていますが、なかなか整理がついていません。その途中の状態であって、まだ完成形ではありませんが、仏教の考え方を踏まえた社会福祉の援助、それをいわゆるソーシャルワークという言い方で当てはめて考えたときにどうなのだろうか、という話です。

仏教における人間観・世界観の視座

本題の、一番目の柱に入りたいと思います。仏教における人間観、あるいは世界観、これらは、どういうまなざし——視座と言ったほうがいいかと思いますが——なのかと見てきますといろいろあります。私自身が一番わかりやすいと思うものを皆様にご紹介したいと思います。

一点は、仏典に見る生命感と理想的な人間像とはどういうものか、ということです。原始経典である『スッタニパータ』（紀元前二～一世紀頃?、日本の『南伝大蔵経』）という本ですが、その中の「蛇の章」の八番目、「慈《いつく》しみ」というところがあります。こうしたことを手がかりに考えていきたいと思います。その内容は後ほど詳しく説明をさせていただきます。

それからもう一点は、仏教思想の中で人間や世界というものをどのようにとらえているかです。仏教の言葉には奥深い意味を持ったものがたくさんありますが、今日は、仏教における人間観・世界観を示すキーワードとして「四苦《しく》と四無量心《しむりょうしん》」、「仏性《ぶっしょう》と菩薩《ぼさつ》」、あるいは「縁起《えんぎ》観と無常観」を取り上げ、この三つの組み合わせを通じてお話しさせていただきたいと思います。

仏典に見る生命観と理想的な人間像

それでは第一番目の『スッタニパータ』です。この『スッタニパータ』という経典は中村元という原始仏教の研究者によって訳されています。二巻にまたがる『佛教語大辞典』の原稿をお一人で書き、刊行するばかりであったのに、出版社が紛失してしまったので、また改めてつくったという、ものすごい先生です。お亡くなりになられていますが、その先生のお話をテレビや講演で聞く機会がありました。優しいお顔でとてもしみ入るお話をされていましたので、私はやはり、この中村先生の訳された『ブッダのことば――スッタニパータ』（中村元訳、岩波書店）というところからその人間観、世界観、理想像を探していきたいと思います。

『スッタニパータ』の中の「蛇の章」ですが、何で蛇なのか。どの地域の宗教でも、蛇は神聖なものと見る宗教は多いようです。蛇は脱皮します。要するに人間が成長するときには脱皮するように成長するのだという意味で、いわゆる「蛇」という言葉をあえて、その章の名前につけたのではないでしょうか。解説を読んだりすると、そのように思います。

◇「慈しみの節」

その中の八番目に「慈しみ」というタイトルの節があります。その節は詩文のように順番に番号が振られています。

その一四三番目は、「究極の理想に通じた人が、この平安の境地に達してなすべきことは次のとおりである」という書き出しです。その書き出しに続いて、「能力あり、直ぐ、正しく、ことばやさしく、柔和で、思い上がることのない者であらねばならぬ」。「足ることを知り、わずかの食物で暮し、雑務少く、生活もまた簡素であり、諸々の感官が静まり、聡明で、高ぶることのなく、諸々の（ひとつの）家で貪《むさぼ》ることがない」（一四四）。「他の識者の非難を受けるような下劣な行いを、決してしてはならない。一切の生きとし生けるものは、幸福であれ、安穏であれ、安楽であれ」（一四五）。「いかなる生物生類《いきものしょうるい》でも、怯えているものでも強剛なものでも、悉《ことごと》く、長いものでも、大きなものでも、中くらいのものでも、短いものでも、微細なものでも、粗大なものでも」（一四六）、「目に見えるものでも、見えないものでも、遠くに住むものでも、近くに住むものでも、すでに生まれたものでも、これから生まれようと欲するものでも、一切の生きとし生けるものは、幸せであれ」（一四七）。

時間との関係もあって途中省きますが、続いて、「また全世界に対して無量の慈しみの意《こころ》を起すべし。上に、下に、また横に、障害なく怨みなく敵意なき（慈しみを行うべし）」（一五〇）。「立ちつつも、歩みつつも、座しつつも、臥しつつも、眠らないでいる限りは、この（慈しみの）心づかいをしっかりとたもて。この世では、この状態を崇高な境地と呼ぶ」（一五一）。

こういう節の詩文のようなものです。この中に「一切の生きとし生けるもの」という考えが出てきています。仏教では、人間だけを中心に考えていません。すべての生命あるものを、生きとし生けるもの――「オケラだってアメンボだって」という歌があったように――を衆生と呼んでいます。まさに衆生に対して慈しみの心を保っておくように、というわけです。私はここが仏教の人間観としてとても重要なことではないかと思っています。

仏教思想の人間観・世界観を示すキーワード

◇「四苦」と「四無量心」

仏教の中でも、福祉思想に影響を与えるであろう内容を拾っていくと、必ず出てくるのは「四苦」ということです。仏教は煩悩《ぼんのう》を苦しみと見ています。したがって、図1に短く解説しましたが、人間が出会う苦しみである生老病死、この四つを指して「四苦」といいます。それに加えて「愛別離苦《あいべつりく》」、愛する人との離苦、あるいは「怨憎会苦《おんぞうえく》」、苦しみ憎む者に会う、あるいは「求不得苦《ぐふとくく》」、求めるものが得られない苦しみ、「五蘊盛苦《ごおんじょうく》」、あらゆる精神的な苦悩の源泉苦（根源苦）、この四つを合わせて「四苦八苦」というわけです。

「四苦八苦」という言葉は日常用語になっていると思います。「どうですか」「いやあ、四苦八苦していますよ」と、こういうときの「四苦八苦」というのはこれを指しているわけです。仏教福祉の授業では、「四苦八苦」を説明しにくいものですから、学生には「四×九、八×九、それを足すと一〇八になります。ですから、四苦八苦は百八つの煩悩です」と話しています。

仏教福祉のキーワード

□ **四苦**は、人間が出会う苦しみである**生老病死**に加え、愛別離苦（愛する人との別離）、怨憎会苦（怨み憎む者に会う）、求不得苦（求める物が得られない）、五蘊盛苦（あらゆる精神的な苦悩）の根源苦を四苦八苦と呼んでいる。

□ **四無量心**とは、４つのこころ（**慈悲喜捨**）を他者に向ける利他の心遣い。

□ **仏性**は、誰もが開発して自在に発揮できるものとされ、煩悩が残された状態であっても、全ての苦しみに煩わされることなく、**衆生の苦しみをも救う**ことができるとされる。仏性が顕現して有効に活用されている状態を成仏と呼び、仏法の修行の究極の目的となる。

□ **菩薩**は、**修行中**であるが、**人々と共に歩み**、教え導く立場にある。その行為が庶民の求めている理想的な信仰の対象へと高まる。

□ **縁起**とは、縁（よ）りて起（お）こることであって、あらゆる事象は、**原因と結果**に触れる条件があり、その結果としての現象が新たな原因を発生させ、それに伴った影響による**循環の事象**となる。

□ **無常**とは、現象世界のすべてのものは**生滅**し、留まることなく、常に**変移**している。釈迦は、「現象しているもの（**諸行**）は、縁起によって現れたり、現れなかったりする（**無常**）」と説明する。

図１

こうした原初の苦しみからどのように解き放たれたらよいのかと考えます。その解き放つための心をどのように持ったらよいのかというとき、「慈悲（四無量心）」を起こすようにと申します。「慈悲」という言葉は「慈悲喜捨《じひきしゃ》」とそれぞれ分解して説明がなされています。それは四つの無量の心で、いわゆる「慈無量心」「悲無量心」「喜無量心」「捨無量心」という言い方をします。「慈悲」という言葉をわかりやすく、中村元先生は「呻《うめ》きの共感」と訳されました。とても名訳だと思います。呻きですから、言葉にならない。言葉にならないものを共感するということです。先ほど「慈しみの節」を紹介しましたが、そうした心持ちを「慈悲」と考えていただいてよいかと思います。

「喜捨」というのは字のとおり、喜んで捨てるわけです。仏教は、何か欲を持つと結果的には苦しみになる。生きたいと思うと、そこから苦しみが始まる。老いていくことが見えてくると、それが苦しみになる。病を負うと、それが苦しみになる。死を直前にすると死にたくない、そう思うと苦しみになる。こうした四苦を捨てるということです。

喜んで捨てるということは、お布施です。お坊さんにお渡しするものを「お布施」といいますが、あれは喜んで捨てるものです。ですから、幾らでなければいけないという、捨てる金額を決めることはありえません。つまり、他者に向ける利他の心遣いにもなることです。

◇「仏性」と「菩薩」

仏教は「山川草木悉皆成仏」などの長い熟語がいっぱいあります。「山、川、草木、すべて命ある」

ということ。「命ある」ということは、仏性《ぶっしょう》があるということ、仏になれるということは仏の種を持っている、さがを持っているということです。仏性と成仏とは「誰もが開発して自在に発揮できるものとされ、煩悩が残された状態であっても、全ての苦しみに煩わされることなく、衆生の苦しみをも救うことができるとされる。仏性が顕現して有効に活用されている状態を成仏と呼び、仏法の修行の究極の目的となる」ということです。

「成仏」というと、亡くなった人のことを「あの人、成仏した」といいます。確かに苦しみから解き放たれたわけですから「成仏」だろうと思うのですが、本来の「成仏」は、仏になることを指します。仏になりたいと思っている人とは、どんな人がモデルなのかといえば、「菩薩」ということになります。菩薩は、修行中ですが、人々と共に歩み、教え導く立場にあります。その行為が庶民の求めている理想的な信仰の対象へと高まるということです。

この地域にあるでしょうか、お地蔵さんが道の角に立っているところ。あるいは、つらいことにお子さんが交通事故に遭われてしまったというような場所には、お地蔵さんが立っていたりしないでしょうか。そうした地蔵信仰というのは、ある意味ではもう仏教の菩薩信仰というよりも、民間信仰のようになっているかとは思います。まさにあのお地蔵さんは菩薩さんであり、いわゆる仏になりたいと思って修行している方なのです。そういう菩薩を理想的な姿として私たちは敬愛する、信仰するということです。

◇「縁起」と「無常」

もう一つのキーワードで、「縁起」と「無常」を取り上げます。「縁起」というのは、「縁《よ》りて起《お》こることであって、あらゆる事象は、原因と結果に触れる条件があり、その結果としての現象が新たな原因を発生させ、それに伴った影響による循環の事象となる」ことです。

ぐるぐる回るみたいな話ですが、まさにそのとおりです。要するに、私たちは原因があって結果があり、AからBになると考えがちです。「ああ、そうだったのか」で納得するのですが、実はBが原因になってCになるという考え方をしてきました。そのCがまたDになり、最後はAに戻るというような、循環するという発想を仏教は持っています。

今日たまたま、ここで皆さんと私の話を聞いていただくというご縁を結ぶ機会を得られたのは、まさに柏木先生とのご縁があったからなのですが、これはもうそういう循環の中に入っていたのかもしれないと考えてみると、私はここで皆さんと一緒にいることで生かされているという理解をすることができるのではないかと思っています。いわゆる「ご縁によって自分が生かされている」という考え方が、仏教にはあるということです。

ではその状況をどのようにとらえるかというと、「無常」ということです。『平家物語』の最初に出てくる、「鐘の音が諸行無常だ」と聞こえるという始まりの文句の「無常」です。「現象世界のすべてのものは生滅し、留まることなく常に変移する」としています。釈迦は、「現象しているもの（諸行）は、縁起によって現れたり、現れなかったりする。いわゆる無常である」と説明しています。

仏教福祉については、後ほど、イギリスのソーシャルワークの研究者を紹介するときに、より詳しく説明したいと思います（三四ページ以下）。宗派が違うのでわからないのですが、天台や真言は、密教ですから衣の中で見せないのですが、指を使って一瞬パチンと音を出すのですね。このパチンとやる一秒間の六十分の一が一つの時間の単位の「刹那《せつな》」というような説明をします。でも、現代の時刻を言っているわけではないという話になりますので。

それから永遠の時間を「却《こう》」と考えたりしていますので、時間の概念というのは大変難しいのですが、いずれにしても今、私の語りは、禅宗では言葉になって出た瞬間に真実ではなくなってしまうというようなことを言うわけです。「不立文字《ふりゅうもんじ》」といって、言葉にしてしまったら、それは実体がなくなると言い、常に変化する、常ではないと言うわけです。

病と障がいのある人と共にした視点

病や障がいのある人に対しては、病があるからとか、障がいがあるからというようなことではない、もっと人と直面していくというか、対峙していくという姿勢があります。そうした人たちが日本仏教の中には何人もおられます。空也《くうや》上人の流れをくんでいる一遍《いっぺん》を紹介したいのですが、あるいは行基《ぎょうき》もある意味では同じような、いわゆる遊行《ゆぎょう》をした方です。ここでは、忍性《にんしょう》（真言律宗）や一遍（時宗）を取り上げてみたいと思います。その次にクリスチャンの糸賀一雄という方を紹介したいと思い

ます。

忍性や一遍の思想と行動に見る実践観

忍性（一二一七―一三〇三）と一遍（一二三九―一二八九）を取り上げるときに、仏教福祉ないし歴史研究の中では「聖僧《ひじりそう》」という言い方が多く使われています。

忍性は鎌倉の極楽寺を開山した人です。その寺は江の島がよく見える高台にあります。そこに行く参道の階段のアジサイがとてもきれいです。

忍性という人は真言律の方で戒律を重んじて京都で修行をし、あちこちを転々としますが、当時の幕府のある鎌倉に参ります。これは社会福祉の歴史を見てもそうですが、大都市には病気の人や困った人が集まることになります。共同体からははじき出されますので、松本清張の『砂の器』ではありませんが、そのように流浪せざるをえなくなり大都市に集まり、その人たちが暮らすというようなことになるわけです。鎌倉にもハンセン病の人たちが大勢来られ、その人たちをケアしたということです。

記録によれば、三万人とか六万人という記録ですから、本当の人数はわかりません。そうしたときに忍性は、ハンセン病の人を文殊《もんじゅ》菩薩と見立てました。文殊菩薩はご存じのように「文殊の知恵」ですから、知恵をつかさどる菩薩です。人間の知恵が豊かになることを願って修行を重ねている文殊菩薩に見立てて供養をし、そのケアをしていくわけです。ところがお金がなくなります。そこで鎌倉幕府に出してくれと言いますと、幕府はお金を出す。そうしたやりとりを見て日蓮は、「宗教をだしにして金を引き出している。これはおかしいんじゃないか」と言ったそうです。これは現代でも通じる話ではないでしょうか。ボランティア活動をやって公的なお金をもらっていると、それはおかしいだろうという話になります。こうした同じような論争が、実は鎌倉時代にもあったということをご紹介しました。

もう一方は、一遍です。「南無阿弥陀仏」ととなえた声が仏さんになっているという、まさに空也像と似ているような肖像画があります。この一遍という人は、最後は遊行寺《ゆぎょうじ》というところに祭られています。遊行寺は、正月の箱根駅伝で順位が入れかわる遊行寺坂というところをご存じかと思いますが、そちらにあるお寺で時宗の総本山になっています。

正式には清浄光寺《しょうじょうこうじ》といいますが、遊行寺と呼ばれます。なぜ遊行と呼ばれるかというと、遊行僧の修行の仕方からなのです。「遊び行く」と書きますが、「あの先生は遊学をされた」などというと、ただ単に遊んでいるのではなく、海外に視察に行って帰ってきたというような意味になる。そのときに使われる「遊」です。つまり、全国に念仏を広めて歩いたわけです。

とくに東北地方は大体くまなく歩いたようです。その地域の生活苦として、例えば水がない、道が不便というときに、行基と同じように、橋をかけたり井戸を掘ったりということも当然するわけですが、私がこの方に注目したのは、経典をいろいろな障がいのある人たちでも読めるようにしていったということです。絵解きというものが残っています。今、知的障がいの人たちのために絵文字で知らせるような取り組みをしていますが、すでにもうこの時代からあったのだと言えなくもありません。

もう一つは、楽しみながら、生活のための、あるいは亡くなった方のための供養を行う「踊り念仏」というものをやっていきます。いわゆる夏祭りのときの盆踊りは、一遍上人の念仏踊りから始まったと言われています。源流はそこにあったということです。ですから、皆さんと踊りながら亡くなった方をしのぶということで民衆に近づき、どんな人に対しても仏教の重要なところをお念仏で伝えていくという取り組みの中で、実は福祉実践の源流になるものを行っていたのです。

障がいのある子どもと共にした実践観

それではもう一人、糸賀一雄を紹介したいと思います。戦後の福祉思想を形成された方というように歴史的には評価されている方です。日本にはなかなか福祉思想というものが根づかないのですね。どうしても欧米の考え方を持ってきてしまうことが多いのですが、糸賀は、近江《おうみ》学園をつくることを通じて独自の考え方を示されました。

ご存じの方も多いと思いますが、島根で生まれて若いころキリスト教に入信され、当時の帝大、京都大学で宗教哲学を学んで、その後、滋賀県庁に入られてから教職にも一時つき、請われて近江学園をつくり、知的に障がいのある子の教育と生活を支える施設を早い段階で始められました。

戦前に、クリスチャンの石井亮一という方が滝乃川学園をつくりましたが、糸賀一雄は、教育を含めて重度の障がいのある人たちも視野に入れて、後にびわこ学園をつくっていきます。そうした取り組みをされました。

糸賀の学んだ京都大学は、哲学を学ぶ人の中に僧侶が大勢いて、比叡山の学僧とも交流、出会いがあったようです。

そういうことからだろうと思いますが、私がびっくりしたのは、糸賀が保育士さんたちを前にした講演の中で、今日この後取り上げる「無財の七施《しちせ》」という仏教の布施のやり方、お金がなくても人に布施ができることをお話しされて、その場で倒れられた、亡くなられたということです。最後の講演で主題とされていた内容だとお聞きしたので、感銘を受けた次第です。

糸賀は『この子らを世の光に――近江学園二十年の願い』（柏樹社、一九六五年／日本放送出版協会、二〇〇三年）を書きました。「この子らを世の光に」とおっしゃった。「この子らを世の光に」という糸賀一雄記念賞という賞ができていますが、このタイトルは先生が書かれた本のタイトルでもあります。知的に重複の障がいの方々がおられますが、「てにをは」を考えてみてください。「この子らに世の光を」というのが一般的ではありませんか。困った人に何かしてあげたいというわけですよね。でも、糸賀は違います。そうした子たちが光なんだと、こう言うわけです。これは逆転の発想です。この逆転の発想が実は宗教と深くかかわるからこそ、糸賀が言ったことには深い意味があるのだと申し上げたかったわけです。

それでは図2の「無財の七施」。糸賀が取り上げた七施を順番に見ていきます。

一番目は、「眼施《がんせ》」といいます。「慈眼施」ともいって、「慈しみ」の字が入ります。「慈眼施」ともいい、慈しみに満ちた優しいまなざしで、すべてに接することをいい、温かい心は、自らの眼を通して相手に伝わることです。

無財の七施
―― 大蔵経本縁部雑宝蔵経より ――

1．	**眼　施**	がんせ	**慈眼施**ともいい、慈しみに満ちた優しいまなざしで、すべてに接することをいい、温かい心は、自らの目を通して相手に伝わる。
2．	**和顔施**	わげんせ	**和顔悦色施**ともいい、いつもなごやかで穏やかな顔つきで人や物に接する行為。喜びを素直に顔の表情にあらわすこと。
3．	**愛語施**	あいごせ	**言辞施**（ごんじせ）の別称もあり、文字通り優しい言葉、思いやりのある態度で言葉を交わすこと。
4．	**身　施**	しんせ	**捨身施**ともいい、自分の身体で奉仕をすること。身体で示すことをさし、自ら進んで他のために尽くす気持ちの大切さのこと。
5．	**心　施**	しんせ	**心慮施**。他のために心をくばり、心底から共に喜び共に悲しむことができ，他の痛みや苦しみを自らのものとして感じ取れる心持ち。
6．	**牀座施**	しょうざせ	たとえば自分が疲れていても電車の中で喜んで席を譲る行為。また、競争相手にさえも自分の地位を譲って悔いなく過ごせるなど。
7．	**房舎施**	ぼうしゃせ	風や雨露をしのぐ所を与えること。たとえば自分が半身濡れながらも、相手に雨がかからないように傘を差し掛ける思いやりの行為など。

図2

二番目、「和顔施《わげんせ》」、「和顔悦色施《えつじきせ》」ともいい、いつもなごやかで穏やかな顔つきで人や物に接する行為。喜びを素直に顔の表情にあらわすことです。

三番目、「愛語施《あいごせ》」、「言辞施《ごんじせ》」という場合もありますが、文字通り優しい言葉、思いやりのある態度で言葉を交わすことです。

四番目、「身施《しんせ》」、「捨身施」。身を捨ててという意味で、本当に身を捨てるという、そんなに大げさなことをいうわけではなく、自分の身体で奉仕をすること。身体で示すことを指し、自ら進んで他のために尽くす気持ちの大切さということでもあります。

それから五番目は「心施《しんせ》」、「心慮施」。他のために心をくばり、心底から共に喜び共に悲しむことができ、他の痛みや苦しみを自らのものとして感じ取れる心持ちです。

それから六番目は「牀座施《しょうざせ》」。具体の例示をしてみますと、自分が疲れていても電車の中で喜んで席を譲る行為。また、競争相手にさえも自分の地位を譲って悔いなく過ごせるなどです。

七番目、「房舎施《ぼうしゃせ》」。今日のように集うときにしのげる場所を与えるといったことですが、風や雨露をしのぐ所を与えること。たとえば自分が半身濡れながらも、相手に雨がかからないように傘を差し掛ける思いやりの行為などです。

つまり糸賀は、「お金がなくてもこういう布施ができます」と話されたということです。「和顔愛語」などという標語がよく掛け軸にかかっていますが、実はここからとってきた言葉です。一つ一つがちょっとした心遣いでできることなのだ。こうした心遣いで行ってほしい、子どもたちをぜひケアしてほしいと先生がお話しされた。そして、倒れて、ご浄土ではなく天国に行かれたのだろうと思います。

仏教福祉の援助にかかわる実践理念

こちらはキリスト教の大学、私は仏教の大学ですから、そこで対立するなどということは宗教者のすることではないと思います。ただ、違いがあるということをきちっと理解しなければいけないのです。私はまだ仏教を理解し切れていませんが、キリスト教のことを勉強しないとよくわからないと思い、ちょっと勉強してみました。こうした理解でいいのかどうかをぜひ後でお教えいただければと思います。

キリスト者で、私が一番印象に残る具体の方は、愛の伝道者であるマザー・テレサです。女性を挙げたので、もう一方、仏教者で女性を挙げるとすれば、布施の行者と呼ばれている颯田本眞《さったほんしん》です。三河出身の浄土宗の尼僧で江戸末期に生まれ、明治から大正時代にかけて被災地の救済をされた方です。

山形県酒田で大きな火災が起きてひどい状態になったとき、いろいろな物資を持って現地へ向かいます。お弟子さんたちと一緒に大八車に荷物を積んで現地に駆けつけます。とにかく行ってしまうのです。今回の東日本大震災があったら、必ず行っていただろうという方です。

何をしたかというと、何か天変地異のようなことが起こる。それを聞きつけた途端、いても立ってもいられないので、その地に行くという活動です。ある意味ではとてもシンプルです。颯田本眞が来ると、みんなが一生懸命お布施をします。それを被災者のところに届けるわけです。

浄土宗の尼さんですから、被災地の方々とお念仏を一緒に唱えることで、不安やつらさの心のケアをしたのです。そうして救われたということから、本眞尼を頼って入信していく方もおられたようです。颯田本眞は、そうした取り組みに生涯をささげた人です。なかなか紹介される機会の少ない方かと思い、取り上げてみました。

もう三十数年前になるでしょうか、イギリスの女性が、イギリスのソーシャルワークではなかなかうまくいかないので、日本のソーシャルワークを研究したいということで日本に留学され、論文を書いて帰られました。この方は禅宗の僧侶に聞かれたようですが、とてもわかりやすいとらえ方をされたかなと思います。それを紹介しながら、「仏教ソーシャルワークの構築に向けて」をお話しして、今日の話を閉じたいと思います。

キリスト教と仏教における援助者の理想的な姿の対比

キリスト教と仏教の関係をどう考えたらいいか。私は図にしないとわからない人間ですから、あえて図式化を試みました（図3）。

キリスト教においては神があり、そして子がいる。まさに神が子をつくってくれたのです。その神

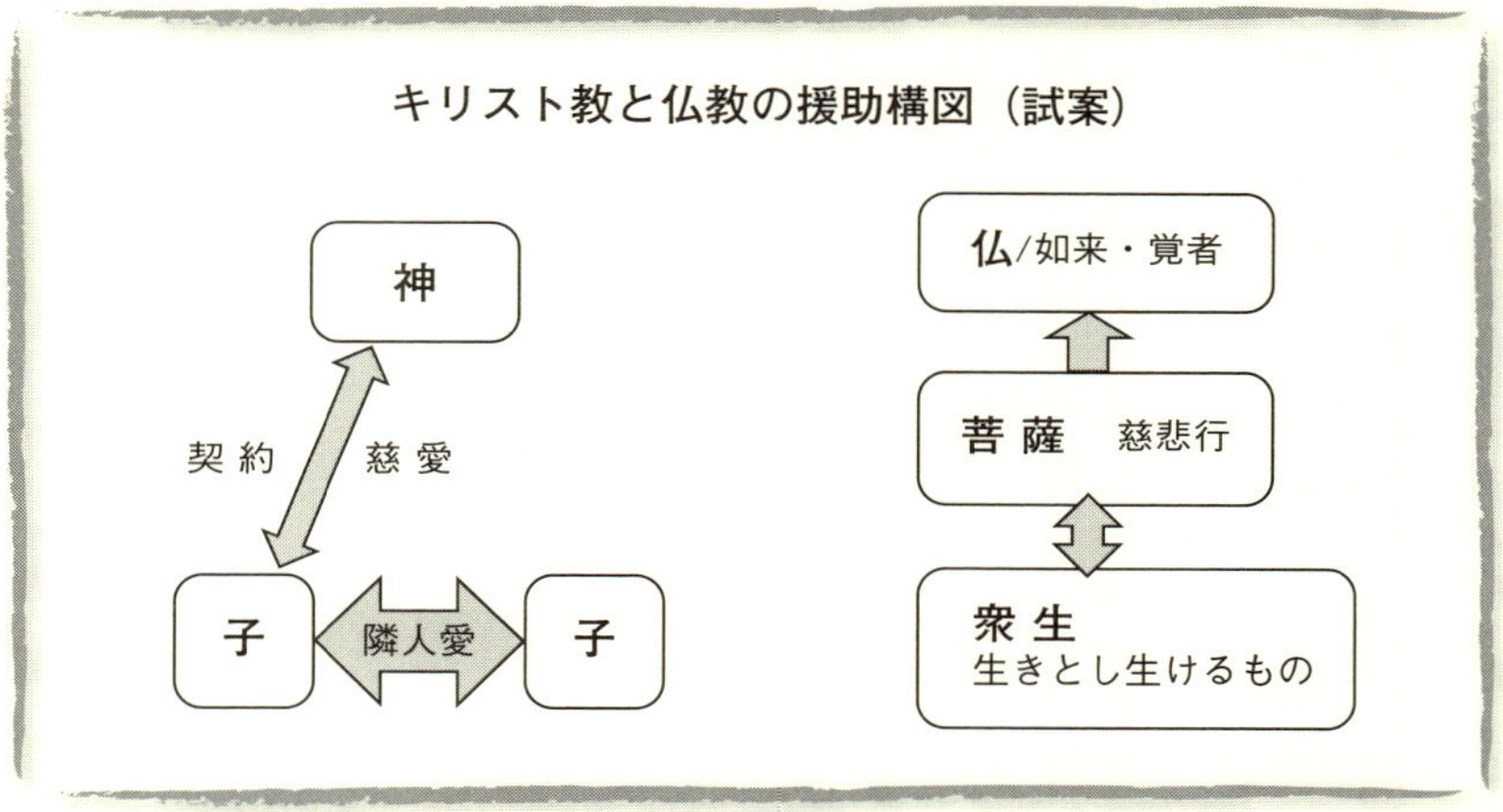

図3

との関係を、どのように考えたらいいか。私たちは神から愛を受けているわけですから、神の慈愛を受けていると確信するためには、きちんとした入信のための契約をしなければいけない。仏教では出家といって坊主にならなければいけないようになるのですが、キリスト教の場合は、そういう意味では受洗（洗礼を受ける）ということでしょうか、どういう呼び方が適しているかはわかりませんが、それが契約であるとすれば、神からの愛を確信するためにその契約をする。その契約がより確かであればあるほど、隣にいる人々を隣人愛で支えるということができる。これがまさにアガペーというか、カリタスというか、そういう行いなのだろうと思います。

したがって、ただ単にお隣の人を愛しなさいと言っているだけではない。まさに「神から与えられている愛をあなたはどこに向けるのですか。それができないで、本当の愛を感じ取ることはできないでしょう」ということです。だからこそ信仰を深めると同時に、隣人愛もより確かなものになっていくという構図になっているのではないか思っています。

では仏教はどうか。これも構図にしてみました。先ほど冒頭に『スッタニパータ』の「慈しみの節」を紹介しました。いわゆる生きとし生けるものを衆生《しゅじょう》といいます。その衆生が、仏になっていく仏性をだれもが持っている。みんな仏になれる。ですから簡単に言えば、みんな死ぬから仏になれます。ちょっと飛躍があるかもしれませんが。仏教の考え方からすると、衆生が仏になりたいと願って、修行をしている人を「菩薩」と呼びます。慈悲行という修行をし続けている人です。「仏になりたい」と願っている人なのです。

それは実在した人の中でモデルになっていたのではないかということがありますが、私はそういうところまでは研究していません。わかりやすいところだけを皆さんにお伝えしていますから、仏教研究者からはしかられてしまうかもしれません。順番に話していきますと、その菩薩が求めているいわゆる仏というのは、如来《にょらい》です。

先ほど申し上げた「お念仏」という念仏の「南無」とは、阿弥陀如来に帰依することです。インドに行くと「ナマステ」とあいさつします。「ナーモ」が変わっていって「南無」になった。「阿弥陀様、ありがとう」とか、「阿弥陀様、お願いします」とか、そういう意味合いの「南無」が入ります。その「南無阿弥陀仏」がお念仏ということです。

お釈迦さんは実在の人物で悟った人。覚者です。だから釈迦如来は、悟りに至った人が如来だという言い方になり、仏、如来、覚者は同じ意味を指しているということです。

したがって、衆生が菩薩を求め、仏になりたいということで修行していく。その一生懸命修行をやっている人の中で菩薩さんは、衆生を救うために如来になりたいと願っています。ですから、慈悲行を行うことがまさに菩薩なのです。衆生を救おうと、ずっと慈悲行をしているわけです。

観音様のことが書かれている『観音経』を見ると、驚くようなことが書いてあります。できるかどうかわかりませんが、「私の名前が聞こえたら、一瞬にしてそこに飛んでいきます。そしてその人の悩みを聞きます」というような願いが何行も書いてあります。「普門品《ふもんぼん》」にはずっと並んでいます。そうしたお経を読むと、大きな願いを持って菩薩さんは修行しているんだ、ということがわかるかと思います。その内容も例示すればよいのかもしれませんが、菩薩さんはいっぱいいますので、例示すると限りないです。

その菩薩さんが仏になりたいと。だから、仏教の場合は段階を踏んでいかなければいけない。人間が仏になるためには、修行をしていかないと仏になれません。仏になる人は悩みから解き放たれた人ですから、その解き放たれた状態になるには修行しなければいけません。それが先ほどの、「慈しみの節」を見ていただければわかるように、「あまりどん欲になるなよ。いろいろな人たちに気配りしなさいよ」というように書かれているようなことをしていかないと仏になれないわけですね。このように人と仏は連続しています。

ところがキリスト教の場合は、子は神にはなれない。そういう中で考えていますから、そこの違いが実は論点にもなり、人が人を援助するときの論点になるでしょう。私はキリスト教社会福祉学会には入れませんが、仏教社会福祉学会にはクリスチャンもおられます、なんて嫌みを言っているわけではありません。そういう中で、クリスチャンの先生と論争をしたりしています。

日本的ソーシャルワークを紡ぎ出す試み

そこで引き合いに出しました「日本のソーシャルワークを紡ぎ出す試み」です。残念ながら私は会うことができなかったのですが、イギリスの保護観察官でソーシャルワーカーのコーデリア・グリムウッドさんです。彼女が、日本に来てどこで勉強したらいいのか、大正大学かと言われました。私はまだ若かったたし、当時、吉田久一先生という仏教と福祉の歴史に詳しい先生がおられたのですが、「もう年だからできない」という話になって、京都に行かれたようです。図４にあります三つの要素の聞き取り結果を示しました。ソーシャルワーカーと呼ばれる人に会いたくて、ＡＫＢ48のようにきっと「会いたかった」と何回か連呼されたのでしょう。（笑）ですが結果的には会えずに、ワーカーを保護司さんに変更しました。仏教徒でソーシャルワークをやっている専門職という方はなかなかいません。そうすると、仏教徒で仕事をしている人となると保護司さんになる。京都の保護司さんはどちらかというと禅系の方が多いようです。そうした方々から聞いたからでしょうか、禅宗の重要な用語を抜き出して「仏教福祉の実践理念の抽出三要素」を説明されたのだろうと思っています。

◇仏教福祉の実践理念の抽出三要素

ソーシャルワーク研究の分野では、援助する人をワーカーといい、ワーカーを利用する人をクライエントと呼んでいます。ワーカー・クライエント関係といいますが、そうしたあなたと私の関係を変

日本的ソーシャルワークを紡ぎ出す試み

□ イギリス人のソーシャルワーク研究による基本的な仏教福祉の実践理念の抽出３要素から学ぶ

1. 変容（**変易《へんにゃく》**）⇨ 迷いの世界を離れ、輪廻を越えて仏果に至るまで受け入れる。

2. 受容（**摂受《しょうじゅ》**）⇨ 心を寛大に相手を即座に受け入れ、穏やかに接する。

3. 現実（**即今《そっこん》**）⇨ 現実とは、今・此処《ここ》・私の経験内容であり、注意や関心は、刹那的に生滅する。

（出典：Cordelia Grimwood, “A Brief Look at Social Work from a Buddhist Stance in England and Japan”, Young East Vol. 6, No. 3, 1980 による３要素の解説（桑原洋子ら訳））

図４

容させていくことが重要なのだと考えられています。その関係を変容させる。いわゆるクライエントの変容をも描くわけです。

一つは「変容」です。そのときに使われるのが仏教用語の「変易《へんにゃく》」という言葉です。これは、迷いの世界を離れ、輪廻《りんね》を越えて仏果に至るまで受け入れるということです。要するに、長い援助の道筋を、常に変化しているという考え方でかかわりを持つ、持たなければならない、という考え方を抜き出したのが一番目です。

二番目は、「受容」です。受容という言葉は「受け入れる」という言葉で、福祉のケアをする人たちの中では必ず出てくる言葉です。その言葉を仏教用語の中の「摂受《しょうじゅ》」という言葉に当てはめました。心を寛大に相手を即座に受け入れ、穏やかに接することを抜き出しました。

三つ目は「現実」です。まさにワーカー・クライエント、あなたと私の関係の中の現実。この現実にどのように双方が向き合っていくか。ある意味では現実の問題を越えていかなければならない。今、生活が苦しい。苦しい中で経済的にも苦しい。精神的にも苦しい。さまざまなそうした苦しみをどう越えていったらいいのか。そのときに、援助者であるワーカーは、どのようにその現実と向き合わなければいけないか。だれもが直面したくない、そういう状況にある人は、そこから逃げたいと思うわけです。だからこそ、人に助けを求めて生きている。それをきちんとテーブルの上に置いて一緒に考えていかなければいけないということです。それが何なのかを仏教用語で見ていくと、「即《そっ》今《こん》」という言葉ではないかと言います。現実とは、今・此処《ここ》・私の経験内容であり、注意や関心は、刹那《せつな》的に生滅《しょうめつ》すると。

また、この「刹那」という仏教用語ですが、先ほどパチンという「弾指《たんじ》」の話をしました。この一刹那、パチンという音は、六十分の一秒だと言います。一生懸命計算した人はそうだったようです。とにかく短いのです。そういう刹那で生滅するということです。

◇いくつかの例示

もう少し説明しなければ不親切ですから、禅宗の例示をご紹介してみます。

ある修行僧二人、先輩僧と修行したての新米僧とが、大きな川の前で行く手を阻まれてしまった。そうした傍らに、うら若き女性が向こう岸に渡れずに困っている。それを見た先輩僧は女性をしっかと抱きかかえ、向こう岸に渡してあげた。その後、何時間たったかわかりませんが、新米の修行僧が先輩僧に対して、「あなたは女人禁制なのに女性を抱えて川を渡ってしまったが、禁を冒したことにならないか」と質問しました。そうすると先輩僧は、「おまえはまだその女性を抱えて歩いているのか」と返したということです。

落語の落ちみたいな話で申しわけないですが、おわかりいただけますよね。受けとめることを間違えてはいけないということです。「摂受」、そしてまた「即今」でもあるかもしれませんが、現実をどう受けとめるか、その受けとめの心構えをどのように考えるかということが、実はこうした中にこめられています。

仏教の熟語はわかりにくいので、もう一つ例示したほうがわかっていただけるかと思います。「即今」ということでお話しします。

この時期はもう水道の水が冷たくなってきました。冷たい水が流れている水道をイメージしていただきたい。その水道の水で手を清めている。そのときの冷たいと感じる水は、もうすでに流れ落ちているということです。一瞬にして、刹那的にといったことは、そうした瞬時、瞬間に変わっていくということです。こうしたことを考えながら見てくると、「人が人を支えるという営みそのものの瞬時、瞬間をどのように受けとめ、そしてそこにかかわれるか、というところが実は原則ではないか。実践理念の要素として導き出せるのではないか」と論じたグリムウッドさんには、とても刺激を受けました。

私がそれを違う仏教語から持ってきて解説しようとすると、教学者（仏教の教義についての研究者、キリスト教の場合だと神学者）と論争しなければいけなくなります。仏教はいろいろな部派に分かれていて、解釈が違います。ですから、解釈が違う中でそれを持ってきたときには、相当厳密に言わなければいけない。イギリス人が言う場合には何ら問題はありません。イギリスに帰ってしまえばいいのだから。私は帰るところがないのです。住職という職にあるので、住まいを変えられません。ですから、相当準備して闘わなければならないのです。（笑）

◇仏教福祉研究と浄土教について

ところで、浄土宗総合研究所の中に仏教福祉研究班があり、その班長もやらせていただいているのですが、浄土教学の研究者と解釈について話をすると、「お念仏だけ言えばいいんだ」と言います。いろいろな解説をしたら、それは異解釈だと言われてしまう。

厳密に言えば、お念仏だけやればいいと法然上人が言っているのです。でも、法然はとても優しくて、それができない人は他の方法をやってもいいと言う。親鸞が弟子になりますが、法然上人が八十歳、親鸞はもっと長生きして九十歳まで生きました。ですから、法然の八〇〇年ご遠忌と親鸞の七五〇年ご遠忌という差が出るのは、その年の差からです。

親鸞が法然に妻帯してもいいのかと聞いたところ、妻をめとらなければできないのだったらしょうがないと言う。それで親鸞は女性とともに一生を過ごします。そして親鸞は法然をずっと慕います。でも、独自の宗派として浄土真宗を立てていくわけです。しかし、法然はそういう弟子に対して絶対に文句を言ったりしません。そこの寛容さが浄土宗にはあるのではないかと思っているのですが、研究者もちょっと寛容であってもいいのではないでしょうか。（笑）

法然はもう一つ、「悪人正機《しょうき》」を言っています。ちまたでは、これは親鸞が言ったことだと言われています。もともと主張したのは法然です。善人の逆で、「悪人なおもて往生をとぐ、いわんや善人をや」と。要するに、悪人であっても往生する。だったら善人は当たり前でしょうと最初に言っているわけです。

「悪人」ということをなぜ言うか。法然は「愚鈍の身」と言うのです。『一枚起請文《きしょうもん》』という最後の遺言状を弟子に渡します。そのときに、「愚鈍の身になして」という言い方をする。「愚かな私が」というところから始まります。基本は大乗仏教ですが、「大乗仏教」ではない仏教を「小乗仏教」と言うと、「大きな乗り物と小さい乗り物。それはおまえたちが大きな乗り物だと言っているだけだろう。部派仏教と言え」と怒られます。

南から海を渡ってきた仏教と、ヒマラヤを越え中国からきた仏教とは、流れてきた場所によって解釈が変わりますから解説も違います。

部派仏教の中で修行している人たちが歩く前に、ほうきで足を踏み出す先をやさしくはらっているのを見たことはありませんか。あれは虫を踏んではいけないからなのです。不殺生戒を保つために、虫も踏まないようにほうきではらっているのです。でも、見えない虫を踏んでいるかもしれませんが、そのように戒を保とうとしているわけです。要するに五戒を保つのです。でも、五戒を保てない人もいるわけです。法然は、私が浦島太郎のように、ヒラメやタイの舞い踊りを食べてしまい、そういう殺生もしている。それでも「お念仏を唱えれば、あなたは救われるよ」と言っているのです。

こうした仏教の考え方は、実は、欧米の考え方の発想ではどうも越えられないということが、四、五十年前ごろから大きく話題になりました。「東洋思想に学べ」というような流れがあって、とくに禅などがブームになりました。それで先のグリムウッドさんは研究に来られたのだろうと思います。

仏教ソーシャルワークの構築に向けて

ソーシャルワークについて、少しご説明します。

人が人を援助するときに、今それぞれの大学の福祉学専攻で教えている内容の中心はソーシャルワーク学です。そのソーシャルワークについてはさまざまな意見があり、それを何とかグローバル基準にしようという話になって、二〇〇〇年に国際定義を決めました。まず、それをどのように決めたかというところだけをご紹介します（図5）。「ソーシャルワークの専門職は、人間の福利（ウェルビーイング）の増進を目指して、社会の変革を進め、人間関係における問題解決を図り、人びとのエンパワーメントと解放を促していく」。エンパワーメント。これはちょっと訳せません。力を引き出す。パワーが出るようになるということです。「ソーシャルワークは人間の行動と社会システムに関する理論を利用して、人びとがその環境と相互に影響し合う接点に介入する。人権と社会正義の原理は、ソーシャルワークの拠り所とする基盤である」。定義だから言い方が難しいですね。後ろ指を指されないような書き方というとこうなります。

次に「アクショングループが生む協働」についてお話しします。ソーシャルワークを考えていったときに、私は疾病、障がいのある人たちと勉強する時間、彼らから教えてもらう機会がたくさんあり

仏教ソーシャルワークの構築に向けて

□ **ソーシャルワークの国際定義**

ソーシャルワーク専門職は、**人間の福利（ウェルビーイング）の増進**を目指して、社会の変革を進め、人間関係における問題解決を図り、人びとのエンパワーメントと解放を促していく。ソーシャルワークは、人間の行動と社会システムに関する理論を利用して、**人びとがその環境と相互に影響し合う接点に介入**する。**人権と社会正義の原理**は、ソーシャルワークの拠り所とする基盤である。

図5

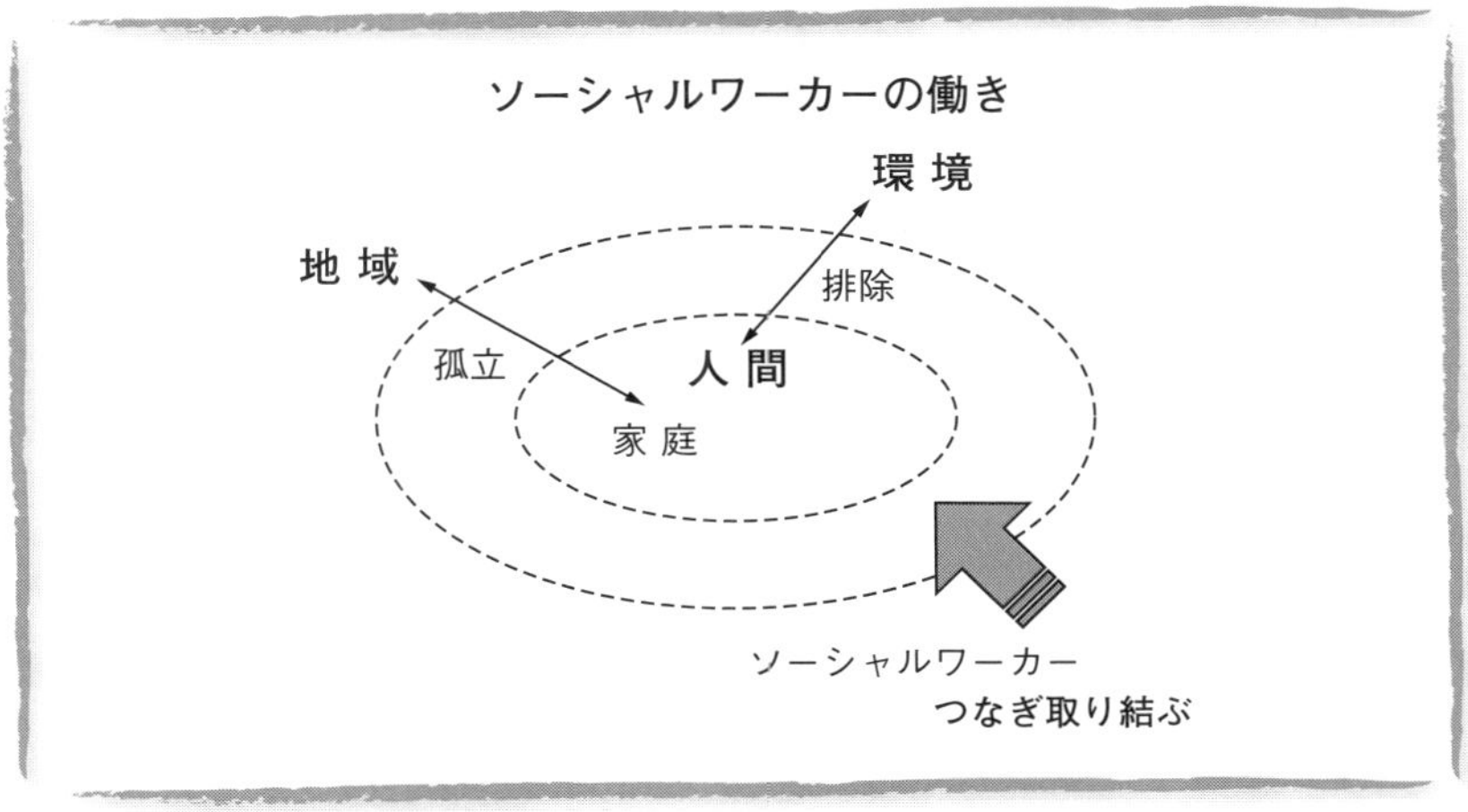

図6

ました。そういう中で、ソーシャルワークを「アクショングループが生み出す協働の営みである」と言いました。柏木昭先生が淑徳大学を定年で退任されたときの記念論集にも書かせていただきました。図にしないと、自分が理解できないので、それをやわらかな図（図７）にしました。当事者と素人と専門職の三者はそれぞれ性格が違いますが、一緒になると、いいソーシャルワークができるのではないかという提案をした内容です。

そして三つ目は、「仏教ソーシャルワークの再構築への試み」という話をしたいと思っています。

アクショングループが生む協働

まず、ソーシャルワークの理論を使ってワーカーがどんな仕事をするか。この図６「ソーシャルワーカーの働き」にある輪をドーナツと考えてください。学部の一年生にはこういう図を黒板に書いて説明します。

クラシックドーナツの空間の部分に「人間」や「家庭」を入れていただく。それからクラシックドーナツの周りのお皿に当たるところは、「環境」や「地域」であると考えてください。そのドーナツは実はひび割れている。あるいは穴があいている。人間と環境との関係がドーナツの部分で切られてしまって、環境から人間が「排除」されている。あるいは、地域から家庭が「孤立」している。障がいのある人がどこかに行こうと思っても、「車いすではそれ以上は行けない」ということによって排除されているわけです。

このように考えていただくと、このクラシックドーナツを何とかつくり直そう、あるいは両方から

アクション・グループが生む協働

○ 当事者と素人と専門職の三者は、それぞれ固有の特性を有している。
○ 当事者性で注目すべき特性は、セルフヘルプ・グループが典型である。
○ 素人性が発揮される特性は、多様なボランティア活動に象徴される。
○ 専門性には、すぐれて価値と知識と技能が期待される。

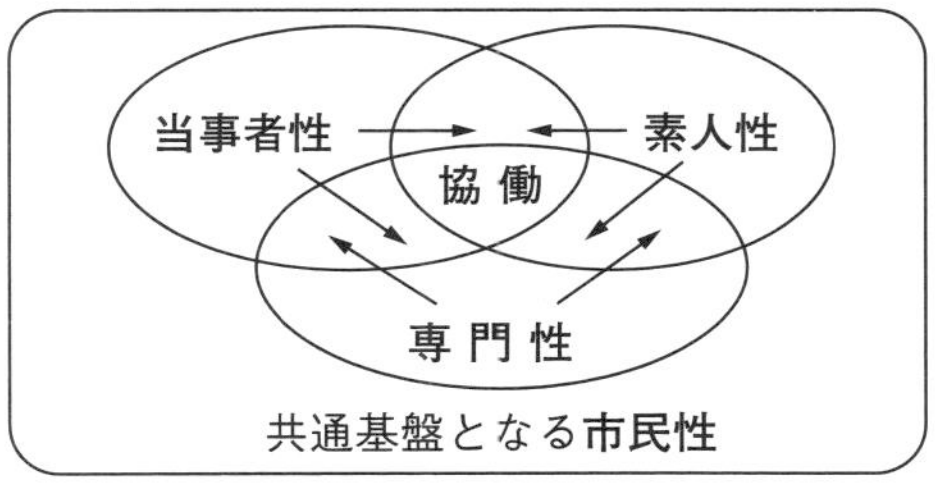

生活支援の協働循環志向モデル（石川，1997）

図7

行ったり来たりできるようにしようということになります。人間と環境をつなぐ。家庭と地域をつなぐ。まさにソーシャルワーカーの仕事はつなぎ、取り結ぶこと、クラシックドーナツのこの輪の部分に介入すること、入っていくことです。

次の図7は、やはりお皿をイメージしていただいて、お皿の上に三つの輪を置いてください。お皿は市民性という土台です。「この町を何とかしよう、私たちの暮らしているところをどうかしよう、何とか暮らしやすい場所にしよう」という考え方を持っている、行動していることを市民性と呼んでいます。そこに三つの輪を置きます。

「専門性」の輪は、ソーシャルワーカーだったら先ほどのソーシャルワークの定義に合わせた仕事。もう一つの輪は「当事者性」です。当事者性でわかりやすいのは病気のある人、あるいは障がいのある人、高齢の人、子ども。いろいろかかえていて、だれかと一緒に暮らしたい、だれかの手助けが欲しいと思っている人ですね。もう一つの輪は「素人性」です。これは宗教でいうところのレイマン〔Layman 例えば牧師・司祭などの教役者の資格を持たない一般信徒、平信徒〕という素人性も一部含まれるかもしれません。

つまり、専門家がやることではない。私は、素人性の典型はボランティアだと思っています。ボランティアはある意味では素人といいますが、素人をレイマンだと言ったりしますけれども、ここではあえて私は使いません。

つまり、専門職でもなく当事者でもない人です。専門家でボランティアをやっている人は、輪が重なっているところをやっている人です。当事者でピアサポーターと呼ばれている人が出てきています。当事者性を持った専門家が生まれています。アメリカでは「認定ピアスペシャリスト制度」という資格制度がありますが、それは当事者性と専門性が重なっている部分です。聖学院大学の相川章子先生は北米のピアスペシャリストの研究をして博士論文（大正大学大学院）を書かれましたが、研究してくれてよかったと思っています。「精神保健福祉領域におけるプロシューマーに関する研究」（『大正大学大学院研究論集』第三六号、二〇一二年）を読んでください。当事者性と素人性に関していえば、ボランティアの本を読むとわかると思います。

このモデルを、「生活支援の協働循環志向モデル」と命名しています。要するに、三つの輪がお皿の上をぐるぐる回って、「みんなで一緒にやりましょう」と言っているわけです。それぞれの人が協力しなければやれない時代に入りましたから。そうしたことを私は一九八五年ぐらいから言い始ましたが、論文にしたのは十年ほどたってからで、『医療と福祉のインテグレーション』（柏木昭・旗野修一編、へるす出版、一九九七年）に書かせていただきました。

「当事者と素人と専門職の三者は、それぞれ固有の特性を持っている」。「当事者性で注目すべき特性は、セルフヘルプ・グループが典型である」。「素人性が発揮できる特性は、多様なボランティア活動に象徴される」。したがって、それら三者が一緒に取り組むことが必要だというものです。これらを支える理念について、今日はお話ししたかったのです。

仏教ソーシャルワークの構造化の試み

「仏教ソーシャルワークの構造化の試み」ですが、専門職性というのは一般的に三要素あると言われています。価値と知識と技術の三点セットを持っていないと専門家ではないと言われます。もっといろいろな整理もありますが、共通して言われるのはこの三点セットです。その意味づけを積み上げていくという考え方が必要ではないかと思っています（図8）。

第一層目。一番低いところは「仏教福祉的な価値を土台に支える」という考え方です。ここまで、「慈しみの節」からずっとお話ししてきたこと、私が伝えたいことを言葉にし切れませんでしたが、そうした内容を土台に置きたいということです。

第二層目。専門的知識といいますが、仏教、宗教では知見という言葉を使う場合が多いのではないかと思います。あるいは知恵という言葉を使います。そのように考えると、「実践知と関係力」となります。先ほどの三つの輪は、そこの関係力が重要なのだと思っています。それぞれの人が持ってい

仏教ソーシャルワークの構造化の試み

・専門職性の三要素

価値（倫理）・知識・技術の裏打ちと
意味づけの積み上げによる構造化へ
☆ヒューマン・サービスの可視化の課題

＊第1層　仏教福祉的な価値を土台に支える

＊第2層　専門的知見・知恵を実践知と関係力で繋ぐ

＊第3層　技術・技能を具象化する

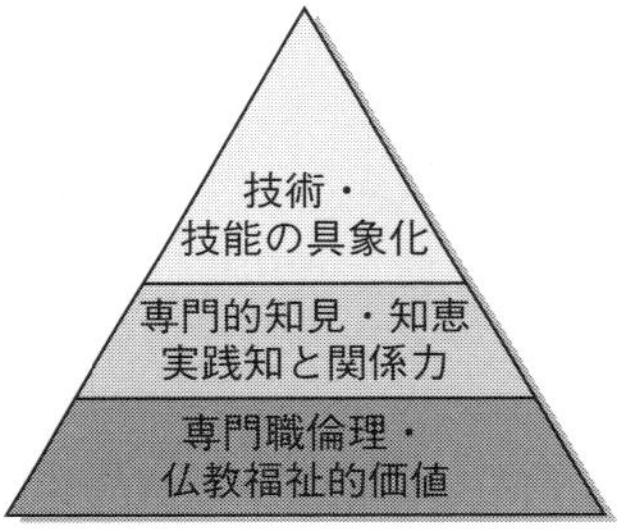

[仏教ソーシャルワーク構造図]

図8

る力を生かしていく。生かしていくための知識であるところの知見や知恵を実践知でつなぎとどめていく関係力が必要だと、それを二段階目の土台にする、ということです。

そして三層目は「技術・技能の具象化」。やっぱりプロだね、という技術を見せるということです。ブラックジャックがすごい手術をやる。それを見て「あの医者はすごい」と言います。同じようにワーカーが、「すごいな、このワーカー」と言われるのが一番わかりやすいでしょう。それにはどう技術・技能を具象化し、見せていくか。こんなことを論文にできたらいいなと思っている次第です。

まとめにかえて

最後に、まとめにかえて一言申し上げます。

「ライフサイクル（人生）で出会う生病老死（四苦）を呻《うめ》きの共感（慈悲）から！」。

西洋的に言えばライフサイクルですが、日本的に言えば人生、一生の中で出会うまさに生老病死、この四苦は人生の根本的な悩みです。お釈迦様はその悩みから修行に出るのです。結婚して子どもがいましたが、ある人が、お釈迦さんは子も捨て、妻も捨てた、それは虐待ではないかと言いました。しかしながら、その後の解説を見ていくと、どのようにその苦しみを超えるかという修行を、妻も子も理解していたということです。

そのような中で、お釈迦様みずからが苦しんだ四苦八苦を、まさに慈悲である「呻きの共感」、中村元先生がおっしゃった「言葉にならない呻き」を聞き、そこを受けとめるところから福祉は始まるのではないかと思っています。

（二〇一一年十二月三日、聖学院大学ヴェリタス館教授会室）

◆仏教福祉関係参考拙書

『仏教の人間学』鈴木出版、一九九一年
『原典仏教福祉』北辰堂、一九九五年
『仏教の人間学Ⅱ――21世紀・仏教はどうあるべきか』みち書房、一九九七年
『現代日本と仏教Ⅳ　福祉と仏教――救いと共生のために』平凡社、二〇〇〇年
『生活の中に生きる仏教』大正大学、二〇〇〇年
『仏教生命観に基づく人間科学の総合研究』龍谷大学、二〇〇四年
『仏教社会福祉辞典』法蔵館、二〇〇六年
『浄土教の世界』大正大学出版会、ＴＵ選書7、二〇一一年　ほか

特別講義　人間福祉スーパービジョン
―グループスーパービジョンの経験を通して―

柏木　昭

第I部

はじめに

私の手許に「聖学院大学人間福祉スーパービジョンセンター」のプログラム案内というチラシがあります。それは聖学院大学総合研究所で作成された三つ折のチラシです。そのおもてにはスーパービジョンへの勧誘の三つの言葉が書かれています。これは聖学院大学人間福祉学部人間福祉学科の中村磐男先生や相川章子先生によって作られたものです。

一番上に「福祉実践に夢と希望を持ち続けるために…」そして真ん中に「福祉現場における孤立感と燃えつきを防ぐために…」、一番下には「福祉現場における一つひとつの出会いを大切に思いつづけるために…」とあります。スーパービジョンの目的についてこれ以上の説明が必要でしょうか。筆者はいつも感服しながら見ています。

三つ折の中を開けて見ると、スーパービジョンセンターの成立の背景と経緯やスーパービジョンの定義ともいえる「スーパービジョンとは」という見出しの説明文が書かれています。三つ折のまん中のページにはプログラムとして、1．個別スーパービジョン　2．グループ・スーパービジョン　3．研修交流会（ピア・スーパービジョン）の開催　4．スーパーバイザー支援制度、そして三つ折の裏を見ると、スーパーバイザー七人、およびコーディネーター二人の教員の氏名が掲載されています。いずれも、聖学院大学の常勤、非常勤の教員で、すべて福祉現場での豊かな経験を持つ者ばかりです。全国に福祉系科目のある大学はたくさんありますが、こういう陣容でスーパービジョンの実践体制を備えている大学はおよそ珍しいと思います。

本稿では、スーパービジョンについてとくに集団の場面での方法に焦点を当てて、人間福祉スーパービジョンの意義を考察します。

スーパービジョンとは

スーパービジョンの機能

アメリカの全国ソーシャルワーカー協会が刊行している『ソーシャルワーク百科辞典』（Encyclopedia of Social Work, National Association of Social Workers, 19th edition 1995, Washington, DC, National Association of Social Workers.）によれば、スーパービジョンを三つの機能に分けているので、まずそれを参照することにします。一つはその教育的機能です。二つ目は管理的機能、そして三つ目に支持的機能があるとなっています。

(1) スーパービジョンの教育的機能へのニーズ

これはスーパーバイジー（ＳＶＥ、スーパービジョンを受ける者）の中にあるスーパービジョンの教育的ニーズに対して、職員訓練の一環としてスーパービジョンの教育的機能を解明しようとするものです。ここでは四つの分野における教育課程が提示されています。それは①専門的実践、②専門的影響力、③業務管理、④継続的教育です。ここに見られるスーパービジョンへのニーズはスーパーバイザー（ＳＶＲ、スーパービジョンに当たる者）に対する実践的技法を授与することとしてとらえられています。①から④までのいずれについても、その知識と技術が明確に提示されれば、それはＳＶ

Eにとって十分、要望を満たしうるものと言えましょう。

スーパービジョンとソーシャルワーク過程とのパラレルプロセスということがよく言われます。筆者はスーパービジョンにおけるダイナミックス（力動性）は、クライエントとの間に見られる直接的な援助技術の原理と並立するという考え方に立っています。

(2) スーパービジョンの管理的機能と支持的機能

この中で、とくにわれわれが懸念するものは職員であるソーシャルワーカーの管理側との間に存在する葛藤です。ここでは援助構造の中におけるソーシャルワーカーの葛藤について考えることとします。

例えば、チームという用語があります。この言葉はとくに医療場面でのソーシャルワーク実践にはつきものと言っていいでしょう。チーム医療とか、医療チームといった言葉がソーシャルワーカーにある種の葛藤を体験させます。いわゆるアンビバレンス（ambivalence 両面価値）です。ソーシャルワーカーがソーシャルワーカーとしてありたいと願うとき、とくにクライエントの側に立つことをその専門性とする専門職としてのニーズを堅持しようとし、主治医のもとに統制されたチームという集団の秩序に抵触する結果を生み出す契機となりうることがわかっているときに、葛藤に悩むという経験となるわけです。

チームとは主治医の指示のもと、患者である当事者が、治療と療養とまた社会生活を目的として生きようとするときに、それを看護・支援・援助する異なる職種が、共同、協力体制を創出し維持継続することを目的とする構造です。しかしここで大事なのは、チームに当事者である患者、時にはその家族を、医療チームの構成員として加えることであろうと思います。ともすれば、これが守られず、医療従事者である医師と看護師の地位・身分と力動だけで、つまり患者の背後で意思決定がなされることが少なくないことに気づきます。こういう状況においてソーシャルワーカーはどういう機能を持って動くことができるのか、また動くべきでしょうか。

ソーシャルワーカーのアイデンティティ

アイデンティティとは何か

ソーシャルワーカーは徹底して、患者（クライエント）の側に立てるでしょうか。雇用される身分としては徹頭徹尾クライエントの側に立てるとは必ずしも言い切れません。これはソーシャルワーカーのアイデンティティの問題でもあります。

そこでアイデンティティとは何かです。人の成長段階を追っていくと、まったく依存的な乳児期を経て、歯が生え始めて食物を噛むことができるようになって離乳の時期を迎えます。一一カ月ころからつかまり立ちができるようになると世界が広がります。自我形成が始まり、一歳ぐらいから自分の中にそろそろ自己主張が芽生えていきます。泣くということが単なる心身の欲求の表現というものではなく、コミュニケーションの意味と機能があることがわかってきます。母親へのもっぱらの依存から、便のしつけがなされて清潔や、秩序の要求が課せられるようになります。反抗期を経て、対象関係の始まりを見ます。四、五歳ぐらいから、自分とは何なのかをぼんやりと意識しはじめ、さらに成長し、性別による生き方が自分に課せられていることがわかり始めます。自己アイデンティティの形成の始期です。ままごと遊びを通して女の子は、母親の真似を表出します。男の子は父親の行動を観察していますから、「じゃぁ、行ってくるからね」などと言って女の子の期待に応えようとします。一方、その時期親との基本的な関係ができていき、男子は母親に惹かれるようになっていきます。エディプス・コンプレックス（Oedipus complex）はその象徴的な精神分析的表現です。「私、お父さんと結婚するの」といった表現で、女児が父親を慕うときにはエレクトラ・コンプレックス（Electra complex）です。そのあたりで自分が女なのか、男なのかがぼんやりと認識されるようになるわけで、ここに「自分とはどういう存在なのか」の問いが自身に向けられます。しかしそうした問いは無視されるようにして、「行儀よくしなさい」という親のしつけを受け、生き方にかかわる価値という生涯の問いに直面するのです。これがアイデンティティにつながる子どもの心的側面における発達の一段階です。われわれはアイデンティティを「自己同一性」といい、子どもが対象とのバランスの取れた自己存在の意味を抱くことができるようになると考えます。

ソーシャルワーカーにおいても、その専門性の成長過程はこのアイデンティティ形成の過程を経る点においては、子どもの成長過程に似ています。この場合は専門性という軸に沿うようにして、その成長が刺激され、促進され、さらにそのありようが問われるわけです。チームの中にどっぷり浸りきって、わが身の安全をチームによって、またそのヘッドの主治医によって安心をうることには、なんとなく自分自身に対して「これでいいのか」という忸怩《じくじ》たる思いを覚えるものです。これは自分にとって、母親からあるいは父親から受けた保護的体験になぞらえて、それがあらためてよみがえってきている時の複雑な感覚として説明することができます。

協働について

ソーシャルワークは、クライエントと協働することがその原理であり、また原則です。この辺にアンビバレントな立ち位置を嫌でも認識させせられるのがソーシャルワーカーの日常でしょう。こういう悩みを誰に訴えればいいでしょうか。同僚友人や先輩・上司でもいいのですが、SVRがいれば幸いです。そういう職員のニーズに応えるスーパービジョン制度はわが国においては未成熟です。面倒なことにSVRはスーパービジョンの訓練を経た指導者でなければなりません。いわゆるOJT（オージェーティー　現場指導訓練、On Job Training）とは異なるものがあるはずです。スーパービジョンには、それに当たる側と受ける側との間の関係が構築されていなければなりません。単なるOJTとしての助言者、指導者ではないからです。OJTの場合は、上司であり、先輩であれば、上級者の権威として部下に対して、教えたり指導したりすることは可能です。そういうわけで、筆者はスーパービジョン制度の発展を心から希求する次第です。

相手クライエントとのかかわりの中で

上述チラシの「内容と経緯」の冒頭に、「社会福祉の現場では、日々、さまざまな戸惑いや、失敗、迷い、揺れに直面することは少なくないでしょう」と呼びかけの言葉が述べられています。例えば、私が担当する「聖学院大学人間福祉スーパービジョンセンター」のひとつのプログラムであるグループスーパービジョンの、ある日の一メンバー（女性）の報告記録を見ると、以下のような文章が見られます。これは二〇一二年度の一メンバーがグループに提供した報告書の中の「事例提出の意図」という項目に書かれていたものです。

「仕事をする中でさまざまな人と接するが、私は中でも男性と若い方が苦手だと感じている。今回事例として取り上げた方（クライエント）は女性で、はじめてお会いしたときは六十代、若く見え、自分の意見をきちんと主張できる方である。それはよいのだが、私の中には戸惑いがある。また、障害があるために介護保険以外のサービスを利用しているが、それについてどこまでかかわるべきか線引きに迷っている。本人は（むしろ）ケアマネジャーにできるだけやってもらいたいと思っていることを感じる」（括弧内は筆者の補語）。

ここではクライエントが女性なので、性別での躊躇《ちゅうちょ》感はないものの、自分の支援の範囲についての戸惑いがあり、自分でやることができる範囲が決まっているのに、それ以上のことを「期待される中で、断ることが心苦しく、困っている」という困惑です。現場にはこうした戸惑いや困惑がいつもつきまといます。しかしそうして困っている自己自身に向き合い、これを乗り越えて、できるだけ相手クライエントの希望に沿いたいと、知恵と力をつくして当たろうという覚悟を、このソーシャルワーカーは持っています。この覚悟はどこから来るのでしょうか。それは専門性の中に、自分が希望しさえすればスーパービジョンを受けることができる立場にあることを自覚できる強みがあることに起因します。

おおよそ「どうしたらいいだろう」と困惑する中で、あるいは相談しようにも周囲を見回しても心当たりというか、自分でこの人ならと思える人が見当たらない場合、そこにスーパービジョンという支援の用意があれば、こんなに心強いことはありません。このワーカーも、たまたま大学時代の専門教科としての福祉援助技術の元教員が、ＳＶＲであるグループに出会うことができて幸いであったと思います。

なお、右に自分が希望しさえすればスーパービジョンを受けることができる立場にあることを認識すること自体が専門性を構成する要素の一つだと書きましたが、本稿第Ⅰ部のあとに第Ⅱ部として、実際に行われたグループスーパービジョンの際のＳＶＲと報告者を含め数人の参加者のコメントを紹介します。

スーパービジョンの支持的機能

これは本稿においてとくに皆さんに考えていただきたい論議として筆者が提示しようとするもので、以下にグループダイナミックス等の項目を通して、その考え方にふれることにします。

個別スーパービジョンと集団スーパービジョン

上述の人間福祉スーパービジョンセンターのチラシ第一番目の説明文「福祉実践に夢と希望を持ち続けるために」はスーパービジョンの目的を表現しています。スーパービジョンにはＳＶＲと現に実践に当たるソーシャルワーカーとが、一対一で行う個別スーパービジョンと、振り返りを集団で行う場合があります。この集団は一〇名内外のＳＶＥの小集団です。これにＳＶＲがつきます。

心理学領域の集団療法やグループカウンセリングでは治療者とかリーダーと言われる者がいます。しばしばスタッフがもう一人ついて、リーダーを補助するコ・リーダーが補助者としてつくことがあります。コ・リーダーというのはカウンセリングのリーダーの治療者としての自我を支持する「補助自我」といった役割と機能を果たすものとされています。ソーシャルワーク領域のグループスーパービジョンでは、もともと治療が目的ではありませんので、コ・リーダーはつきません。

グループスーパービジョンの中で、報告者に対して発せられるさまざまなメンバーのコメントがもたらすグループダイナミックス（集団の力動性）の作用により、報告者であるソーシャルワーカーのクライエントとのかかわりの検討が深められます。グループスーパービジョンにおいて、ＳＶＥはグループを構成するメンバー全体です。ＳＶＲはグループメンバーと同じソーシャルワーク専門職者です。報告者はまさにＳＶＥです。各回交代で当たりますが、第一回目の会合であるオリエンテーションのときに、くじなどでその順番が決められます。他のメンバー全員はＳＶＥであり、また同時にＳＶＲでもあるのです。

報告者は自分が現場で出会うクライエントとのかかわりの実態を顕《あら》わにしながら、自分自身問題と感じている状況を報告書にまとめます。後に詳述しますが、筆者のグループでは、普通Ａ４で四枚ぐらいの分量で作成します。事前準備ですが、報告者は研修の資料としてクライエントとのかかわりの経過と、その中での自分の時々における考え方や感慨を含めて報告したいという意図をクライエントに説明し、その了承を得なければなりません。報告者はクライエントに対しプライバシーが漏洩《ろうえい》しないように手立てを講じることを保証します。守秘義務の遵守は厳しくこれを自らに課さなければなりません。具体的には、報告書に表れる氏名や住所地等はAさんとかB市といった略称を使います。年月日についてもできうる限りの移動も大事です。

グループダイナミックスとは

上述のグループダイナミックス（集団の力動性）とは何かについて少々ふれたいと思います。ある集団に対してグループダイナミックスが働いて、その構成員に何らかの変化を与える契機になる要件は、一つにはその集団が構成員（グループメンバー）の一人ひとりの自己自身にとって、「**自我親和性**（エゴ・シントニック、ego-syntonic）」であることです。参加していて、居心地が良いといった気分でいられること、さらにその「親和性」が深まるにつれて、自己自身が何か自由で、その場にいても危険を感じないでいられるといった雰囲気を感じ取ることができるようになります。集団の雰囲気が自分に合ったものであるという気持ちの上に、むしろ安全性を保証してくれるような空気が感じられるようになると、より積極的に集団のために貢献したいと思う気持ちになることは大いにありえます。

集団の中の自己の変化はデイケアの全体会議などでよく見られる光景ですが、集団の指導者から、「こうしようよ」とか「こうしたほうがいいよ」とか「ここではこうすべきだ」といった言い方で、指示されると、何か拘束を感じて居心地が悪くなったり、反発を覚えたりして、その集団に対してマイナスの感情が湧いてくるものです。そうなると自分から発言していくことが怖くなります。日本人的特性というのでしょうか、あえて反論したりすることはめったに見られません。

これはデイケアのグループに参加する職員にとっても別問題ではありません。その全体会議の中などで、やはり自分から発言するのがちょっとためらわれて、時には恥ずかしかったりして、柱の陰に隠れて座り、議長から見えないような位置取りをとることもあります。こういう状況を「自我異質性（エゴ・エイリアン、ego-alien）」の経験といいます。自我異質性の集団においては、グループダイナミックスの肯定的な働きが見られなくなることはあらためて言うまでもありません。

また時には自分が言うことを皆がきちんと聞いてくれる、という体験も、過去に自分が体験したことのない経験としてグループに所属することに対して肯定的な影響を与えます。これが、「**帰属感**」とか「**所属意識**」といったもので、グループダイナミックスがもたらす効果でもあり、また逆にグループダイナミックス醸成に重要な要件ともなります。こういう状況にあって、メンバーは「このグループは自分を護ってくれる、自分はこのグループが好きだ、安心していられる、だからずっとこのグループに連なっていたい」という情緒的変化が期待できます。こういうメンバーのグループへの帰属意識を作り上げる鍵になるのは、心理士やソーシャルワーカー等リーダーが鍵になるとは限りません。むしろ仲間意識とか、帰属感といった、横の連携力がそういう結果をもたらすと言っていいでしょう。

しかし反対に、帰属意識は時に思わぬ方向への展開を見せることがあります。すなわち孤立するグループや排他的な結束を図るグループの発生です。このような姿勢をとるのを阻止する上で熟達したリーダーの養成が求められます。

これも、必ずしも専門家に限定したリーダーではなく、利用者同士の助け合いのグループなどでの養成が望まれるのです。これが利用者によるピアサポート活動です。

これに関連して、プロシューマーの研究が始められています。グループスーパービジョンとは直につながりませんので、本稿ではプロシューマーについてはふれません。聖学院大学相川章子准教授の論文をご参照いただきたいと思います（相川章子「精神保健福祉領域におけるプロシューマーに関する研究」『大正大学大学院研究論集』第三六号、二〇一二年）。

グループスーパービジョンにおけるグループダイナミックス

◇グループスーパービジョンの場の問題

グループダイナミックスについては、グループスーパービジョン（以下、ＧＳＶ）でも同じことが言えます。自我親和性が感じられる「場」においては率直な意見がすらすらと語られますが、自我異質性を覚えるようなグループでは発言しようという意思が抑制されるばかりではなく、他の構成員の発言もあまり自分の中に響いて入ってきません。これはグループダイナミックスが働いていない状況です。

自我親和的なグループの中ではグループの構成員の間で、「相互作用」が容易に生じやすく、したがって、意思疎通が増強されます。相互作用はメンバーの間に許容する感情がないと起きにくいものです。もう一つは「自己信頼」です。自我親和状況にあるグループでは、他の構成員の発言を注意深く聞こうとします。「ああ、そういうふうに考える人もいるんだ」とか、「自分の考え方は間違いではなかったのだ」といった自己肯定感と言える経験を持つようになります。個別にせよ、集団にせよ、スーパービジョンは専門職者としての職業的自己認識を高めていこうとする企図であると言えましょう。なお、ＧＳＶはクローズド（閉鎖制）グループです。

個別でも、集団でもＳＶＲは同一職種としてのソーシャルワーカーでなければならないことは言うまでもありません。筆者は現在聖学院大学人間福祉スーパービジョンセンターの顧問ですが、職種としてはソーシャルワーカーです。筆者は国立精神衛生研究所（現、国立精神保健研究所）在任当時、精神科デイケアの実践研究に従事して、二十数年間ソーシャルワーカーとして働きました。古いドイツ精神医学を学び、戦後アメリカに留学して、児童精神医学を研修して帰国した高木四郎先生（精神科医）が、当時児童精神衛生部長の職にいましたが、遊戯療法なるものを私との個別面接により教えてくれました。この部長はそれをスーパービジョンと呼んでいましたが、これはコンサルテーションです。逆に私が、ソーシャルワーカーとして、部長である精神科医にソーシャルワーク面接や社会資源の知識を土台に、家族や地域状況を解説したとすれば、これは明らかにコンサルテーションです。いずれの場合も向かい合う両者は異職種だからです。特定の異職種の行為については一通りの知識はあっても、かかわりの意味する深さについては経験がなく、そこから得られる知恵も限定的であると言わざるをえません。

スーパービジョンの契約

◇スーパーバイジー（受ける側）の問題意識

スーパービジョンの開始時にはＳＶＲとＳＶＥとの間に協力的関係を作っていかなければなりません。これはＳＶＲ、ＳＶＥ双方の課題です。その上でスーパービジョンの契約がなされます。ＳＶＥである側にはスーパービジョンの教育過程や支持過程として、時には管理的な局面における葛藤の解消等を目指して、危機的状況での切り抜け方、職場における人間関係の程よい関係の持ち方等々を教えてほしいという多くのニーズがあります。「この人に教えてもらいたい」と狙いを定めて、スーパービジョンを受けたいという表明をしなければなりません。

◇スーパーバイザーとしての契約とは

ＳＶＲとしてはスーパービジョン関係に入る前に、まずは重要な手続きとして契約を交わさなければなりません。①いつ、②どこで、③どういう形の面接をするのか、④集団で実施するのか、個別なのかという希望をもとにスーパービジョンの機会を提供します。さらにその⑤期間、そして⑥謝金を含め、経費等にかかる契約を交わすのです。スーパービジョンは決して安価に得られるものではありませんので、必ず報酬関係の取り決めが事前になされるべきです。これは個別、集団のいずれを問わず必要です。

こうした契約は単に事務的な取り決めとしてなされるのではなく、やはりソーシャルワーカーの中に潜むスーパービジョンに対するアンビバレントな気持ち、抵抗と言ってもいいでしょう、そういう

⑦抵抗感自体についても話し合うことが求められます。こうして契約が結ばれます。両者の間で、スーパービジョンに関する取り決めの諸点についての合意が見られなければ、契約不成立です。契約の過程をおろそかにはできません。

筆者のスーパーバイジー体験

楽しかった現場実習（個別スーパービジョン）

以下、いささか私事にわたりますが、筆者のスーパービジョン体験にふれたいと思います。筆者が日本キリスト教団とアメリカ諸教会活動連合体の協力関係において構成される内外協力会（IBC：Inter-board Committee）の留学生として、ボストン大学スクール・オブ・ソーシャルワーク（大学院レベル）に学んだ際の実習では、一年次はソーシャル・グループワーク、二年次にはソーシャル・ケースワークを主たる業務とする施設・機関で現場の指導員からスーパービジョンを受けました。週四日の実習と二日の授業が一週間の課程です。授業は教授の専門用語を含む言葉がかなり聞き取りにくく、筆者はある女子学生のノートを借りて筆写するのが毎晩の習いで、夜中までかかったものです。

しかし授業と比べ、福祉の現場実習はかなり楽しいものでした。ＳＶＲはいずれもソーシャルワークの専門職の方です。一年次のグループワークでのＳＶＲは男性、二年次のソーシャル・ケースワークの実習のＳＶＲは女性の方でした。一年次のときの実習施設はモーガンメモリアル・グッドウィル・

インダストリーズ（Morgan Memorial Goodwill Industries）という日本で言えば、障害者を雇用する福祉工場に相当する施設です。男性ＳＶＲは、中年の柔和で親切な方で、実習の帰りに下宿まで送っていただきましたが、暇があるとボストンの市内案内をしてくれました。ボストン市の北側を東西に流れるチャールス河という大きな川を挟んで、対岸はハーバード大学のあるケンブリッジ市が望めます。ＳＶＲは川沿いの自動車道路を上流の方に向かってドライブをして私を慰めてくれました。終始、きわめて支持的な姿勢を崩さず、ソーシャルワークについてだけではなく、アメリカ文化やまた人とのコミュニケーションの特質等について筆者に丁寧にオリエンテーションをしてくれたと思っています。逆に筆者は日本の戦争直後の事情や、苦しかった飢餓状況にアメリカが、連合国に先駆けて、いかに豊富な資源を動員して支援してくれたかを感謝の言葉で伝えたりしました。

二年次のときの実習現場は、全米家庭サービス協会（American Association of Family Service）に属するボストン近郊のクインジー（Quincy）市にある家庭相談機関でした。ＳＶＲは立派な体格で威厳のある女性の現場指導者でした。筆者の他にもアメリカ人のキャンベル（Mr. Campbell）という大学院生と、もう一人マリ－マス・デュムラ（Miss Marie-Marth Dumlin）というベルギーからの女性の留学生も、同じＳＶＲについて学んでいました。マリ－マスというベルギーでの呼称は英語でマリア－マルタとなります。ＳＶＲは始終忙しそうにしておられましたが、いろいろな背景を持つ学生に囲まれて、筆者には結構張り合いを感じておられるように見えました。

スーパーバイザーの肯定的姿勢

この二年次現場実習機関のＳＶＲは筆者が言うことのすべてを肯定しました。私が初めて面接をしたある白人青年はちょっと神経質な感じの男性でしたが、最初、「自分はどうやら場違いのところに来てしまったみたいだ」といった発言をして、東洋人の筆者を避けているように感じられました。まったく未熟な筆者はそれを感じてすぐに、「あなたは職業紹介所へ行ったほうがいいのではないか」とあたかも売り言葉を買い言葉で言い返すかのように筆者の意向を伝えました。彼はむっとして急に立ち上がり、そそくさと帰ってしまいました。その時に受けたＳＶＲの言葉は「あなたが言ったことに誤りはありません。伝え方をもう少し考えてみましょう」といったものでした。しかし筆者が「後味が悪く、言葉の問題もあって、もっと相手の話を聞くような態度が取れればよかったと思う」というような言い訳めいた発言をすると、ＳＶＲはすぐに「あなたならその課題はこなせるでしょう」という趣旨の言葉を返してくれました。筆者の対応について評価的な態度は一切取られませんでした。救われた思いがしたものです。同時に「スーパービジョンとは何なのだろう」ということと、「ＳＶＲとは現場ソーシャルワーカーにとってどういう存在なのか。その資質とは何か」といったいい意味での取り組み課題が意識に上ってきました。

またその事務所で出会った事務員は、そのＳＶＲのクラークで、多くの面接記録を口述して録音機に吹き込んであるのを、聞き取り、タイプライターで打って清書をしていました。この事務員もきわめて優しく、また能力のある女性で、何と時間を割いて私の読みにくい修士論文の原稿を読み取って、タイプで打ってくれました。筆者はこの人の助けを借りなければ、Boston University School of Social

Work, Master of Science in Social Service（ボストン大学スクール・オブ・ソーシャル・ワーク、マスター・オブ・サイエンス・イン・ソーシャルサービス）の学位はいただけなかったでしょう。実践家ソーシャルワーカーの口述記録を、聞き取り清書するクラークがついているというアメリカのシステムには羨望を覚えたものです。

マリアとマルタ

いささかここで、話は脱線するのですが、キャンベル君は実習当日、筆者をボストンから実習機関のあるクインジー市の家庭福祉協会までの行き帰り、使い古されたがたの車に同乗させてくれました。その時間は筆者にとって、アメリカの若者の愉快で親切な人柄にふれて、多いに気持を取り直す機会でもありました。もう一人、ベルギーからの留学生のマリ‐マスさんは朗らかで、開けっぴろげの女性でした。読者もお気づきのように、名前自体が欲張っています。新約聖書に、主イエスがある村に入っていかれ、マルタとマリアという女性たちと出会われた記事があります（『新約聖書』新共同訳、ルカによる福音書一〇章三八―四二節）。マリアは主イエスの足元に座って、その話に聞き入っていました。姉のマルタはもてなしのためにせわしなく働いていましたが、穏やかではいられません。そして主イエスに「主よ、私の妹は私だけにもてなしをさせています。手伝ってくれるようにおっしゃってください」と言います。すると主はお答えになりました。「マルタよ、あなたは多くのことに思い悩み、心を乱している。しかし必要なことはただ一つだけである。マリアはよいほうを選んだ」と言われました。ベルギーの留学生はなんとこの二人の女性の名前を親からつけてもらったわけです。信仰深いマリアと働き者のマルタという名前の両方を。

グループスーパービジョンの実践にあたって

小集団によるスーパービジョン

ＧＳＶは一〇名程度の小集団が最適でしょう。あらかじめオリエンテーションのときに報告の順番と日時を決めておきます。ＧＳＶは月に一回、一人ずつの事例報告があり、都合年間一〇回のグループが開催されます。それにオリエンテーションがありますから年度ごとに一一回の小集団討議が行われることになります。報告者はグループの当日使用する資料（Ａ４で四枚程度）を配布して、自分が直面している問題点を報告します。報告に要する時間は約三〇分です。その後二〇分程度、事実関係に関する質問を取り交わして、理解の調整を図ります。ここで非常に重要なことの一つに守秘義務の問題があります。クライエントとの面接は援助契約に基づく非公開の対話です。それをＧＳＶに報告するわけですから、報告事例の取り扱いは、全員がその内容がグループ以外の場に漏れ出ることのないように、慎重な配慮が必要です。その後約一時間あまりの自由討議による意見交換を行うことになります。

クライエントの了解

一方、クライエントとの間では、「自分はソーシャルワーカーとして守秘義務を負っていること、しかし職業的な行為に隠れて普段気がつかない自分の傾向や癖を自覚できるように、そしてよりよい援助者になることができるように努力したい、ついてはあなたとの対話をまとめて報告書を作り、グループに提供したい。もちろん参加者全員、ソーシャルワーカーであって、専門家として守秘義務を守っている。だからグループ以外の場にあなたのことが漏れ出ることはない。あなたの了承が得られれば幸いです」といった趣旨の説明を経て、事例提供の了承を得なければならないのです。それは単に守秘義務の遵守という契約上の取り扱いという意味だけではなく、相手であるクライエントと「これからあなた自身の問題に共に取り組みます」という姿勢にほかなりません。

こういう守秘義務の遵守にかかわらせて、自分が作成するクライエント本人との対話、かかわりの経緯を実際にクライエントに見せることは大事なことです。報告書は真実のものではありません。匿名性のもとに作成されたものですから、さまざまな点で、事実とは異なる記述がなされます。氏名とか年齢とか、住所地等は架空の名称があてられます。したがって、クライエントからすれば、自分のことがずいぶん歪められた筋道に書き換えられていることに不満を持つ人もあるかもしれません。実際の事態についての情報はともかくとして、クライエント本人が感じる気持ちの側面で、「あのときはそうは思わなかった」とか、「そんな感じではなかった」といった表明があれば、これは素直に修正していくことが求められます。

またGSVが終わったその後の面接において、「先日はこういう話し合いがなされました。どうもありがとうございました」とクライエントに丁寧に謝意を持って報告することは当たり前のことでしょう。できればそれについての自分が最も気になった事柄を相手に伝えることが、かかわりの新しい展開につながることもありうるのです。

配布資料

配布資料には、「事例提出の理由」を冒頭に記述し、次に「事例の概要」として、本人当事者の基本情報である、年齢・性別、疾病・診断名、既往歴等、現在の身体的・精神的状況、生活歴、家族構成・経済的状況等を簡潔に記述します。診断名等は、筆者はあまり気にしません。診断名を知るとどうしてもある種の暗示にかけられるような気がするからです。場合によってはかかわりを持とうとするソーシャルワーカーの中に、先入観として植え付けられることもありえます。診断名にとらわれないように注意したいものです。

そして次に、「ソーシャルワーカーがかかわるようになるまでの経緯」の概要が記述されます。続いて、「報告者のクライエントとのかかわり」が年月日を追って、記録から取り出して記述されます。内容としては、当事者をめぐる事態の概要、当事者とソーシャルワーカーの「語り」の交換、またそのときの感想等を記録することとしています。最後に担当者としての総括としての「考察」を記述し、報告書を閉じます。

筆者は、上に報告書の内容として、疾病・診断名、既往歴等、現在の身体的・精神的状況などを強調したわけではありません。これらは現在のクライエントの状況や心境をそのまま表示する資料ではありません。それらは過去の「あそこで、あの時（there and then）」、生起した事柄です。それらは現在のクライエントの心境、心情につながっているかもしれませんが、それはこれから述べられる「語り」の中で、クライエント自らが繰り広げていくでしょう。こちらから質問項目として位置づけて聴いていくべきものではありません。われわれは「ここで、いま（here and now）」における「語り」の交換を大事にするのです。

報告書を作るということにはいくつかの重要な意義があります。一つはクライエントとのかかわりをあらためて丁寧に振り返る機会であるということです。したがって、グループに報告して、ＳＶＲや参加者の討議を経て気づくことはもちろん重要ですが、その前の段階、つまり報告書作成に際して、「ああ、あれはそういうことだったのか」「どうして自分はそれがわからなかったのだろう」といった新たな気づきが生じ、自己点検が深まることもあるわけです。

集団過程の中で

報告者だけではなく、参加メンバーはグループの中で、さまざまな気づきや気持ちの変化を経験します。グループの中では「ここで、いま」の思いや考え方を交わすことが、ＧＳＶの鍵概念（key concept）となっているのです。全員発言が原則です。ＳＶＲはもちろん、参加者は報告者や他のメンバーの人格を尊重し、互いにグループメンバーの発言に傾聴することが求められます。

グループスーパービジョンの意義

筆者が東京都医療社会事業協会において、一九六五（昭和四十）年に初めてＧＳＶ事業を創設してから今日に至るまでの長年の経験から得られたスーパービジョンには、三つの仮説が生まれています。これは研究仮説ではなく、毎年度実施されるＧＳＶの原理に等しい仮説であり、すべての既往のＧＳＶに適用され、それなりのスーパービジョン効果を挙げてきていることは、数百人の同協会メンバー中の参加者から証言として得られるでしょう。つまり毎回のＧＳＶはその証しそのものなのだと言えるものです。

そこでＧＳＶの仮説を紹介しておきます（表1）。

例えば「思いやり」はこの仮設の典型的な発現です。向かい合っているとき、相手は「ここで、いま」何を思っているのだろうという関心の発露が、この想像力と注意力です。これがなければ、「思いやり」はありえません。想像力を働かすためには、まず相手が何を考えているのか、よく注意して観察しなければなりません。

まとめに代えて

はじめに紹介した聖学院大学人間福祉スーパービジョンセンターのチラシの「福祉実践に夢と希望

グループスーパービジョンの仮説

仮説１　力動的関係性

グループでの力動的関係は、援助実践でのソーシャルワーカーとクライエントとのかかわりのあり方につながる。グループにあって、他者の発言をきちんと聴くことができ、時々刻々のグループの変転や、発言するメンバーのそれぞれの気持を受け止めることができるならば、実践現場においても、クライエントの発言を真っ当に聴き、受け止めることができる。

仮説２　スーパーバイザーの支援と実践の援助行為との関係

グループの「ここで、いま」の状況とその場の雰囲気を受け止めることができる場合、個別、集団（デイケア等）を問わず、実践場面での同質、同様の支援・援助行為に当たることができる。また、スーパービジョンの対象は、SVE 個人ではなく、SVE としてのソーシャルワーカーとその相手である当事者クライエントとの関係である。

仮説３

グループ内で報告者を含め、参加者 SVE の想像力と注意力が動員されれば、実践的経験につながる。

表１

を持ち続けること」「福祉現場における孤立感と燃えつきを防ぐこと」、そして「福祉現場における一つひとつの出会いを大切にすること」はどうして可能になるのか、という問いに答える上で、スーパービジョンの働きは大きいものです。

スーパービジョンは、ＳＶＥにとって、単なるケース検討としてではなく、いかなる「かかわり」をクライエントとの間に持ち得ているか、ソーシャルワーカーであるＳＶＥが、自己自身についていかなる行動様式をもってクライエントと向かい合っているかを振り返ることによって、自己洞察の質の向上を図ります。スーパービジョンはソーシャルワーク実践に欠かすことのできない現場実践者支援の方法であると言えるでしょう。

スーパービジョンには個別と集団の方法があります。それぞれの方法におけるＳＶＲの役割は大きくて重いものがあります。相手ＳＶＥを頭から受容するのは、ほとんど神業に等しいものです。それだけにＳＶＲになるには訓練と教育が必要です。そしてＳＶＲは自らも相手から学ぶことは少なくありません。指導者としての謙虚な立場性を堅持することを勧めたいと思います。

スーパービジョンという場でのＳＶＲの発言は、単なる感想や批判ではなく、相手の発言に傾聴した上で、その内容とそこに裏打ちされている気持ちを正しく受け止めてなされているかどうかについて、吟味することを忘れてはならないと思います。

ＧＳＶでも同じです。個人の発言をグループの理解に反映させながら、討論を進めることができているでしょうか。提供事例そのものの内容を点検したり、今後の進め方を討議したりするのが、主たる目的ではなく、提供事例はそのグループの力動性の〝呼び水〟の役目を果たすものと言っていいでしょう。自らの発言が相手ＳＶＥにいかに抑圧的に働くか、といったあたりでの反省を、ＳＶＲは常に忘れてはならないと思います。ＳＶＲは構成員の自由な発想を保障するものであって、一方的な教示を行う役割から解放された行動を取ることができなくてはなりません。

以上の方向性で、ＧＳＶを実施することはスタッフの成長を促すものとして、有効な方法であると結論づけることができます。

第Ⅱ部

聖学院大学人間福祉スーパービジョンセンターのグループスーパービジョンにおいて、事例を提供した報告者が自分の実践と、グループスーパービジョンを終えての感想を寄せています。同時に本グループスーパービジョンへの参加者有志が感想を寄せているので、ＳＶＲである筆者が書いたコメントと共に付記することとします。

通常は、報告者がかかわりを持った人との援助過程をまとめた事例がまず紹介されますが、考えてみれば本稿は事例検討ではありませんので、それがなくてもこれはこれとしてありかなと思います。

つまりグループスーパービジョンの実践をうかがわせる資料があれば、それを再現して紹介するのが本来の狙いであるべきです。それはいわゆるグループ記録なのですが、実際の現場ではそうした記録を取るゆとりはありません。したがってそれに代わるものとして、次回開催日に前回行われたグループスーパービジョンの感想文をメンバーからもらうことにしています。これはその場のフレッシュな討議経過の紹介にはとても及びませんが、グループメンバーが何を考えて、何を発言したかを追認することができますので、これらからどんなグループスーパービジョンがなされたかを推測することは可能だと思います。

これらを資料としてスーパーバイザーである筆者は本稿の総まとめとして、考察を加えておくこととします。

報告者よりの感想

「明確に主張する方とのかかわり方、戸惑い」の報告を終えて

大島　知子

ＧＳＶをはじめる前は、私は主張の明確な方や若い世代の方へのかかわりが苦手だから、Ａさんとのかかわりが難しいと思っていました。しかし、ＧＳＶを終えてみて、それ以上の他の気持ちもあったことに気がつきました。一つは、脳梗塞の後遺症による言語障害のため、コミュニケーションが取りにくいことによる私の焦り。もう一つは、息子の死や将来について泣かれるとどう対応したらよいか戸惑っていた気持ちです。

そして、Ａさんとのかかわりに戸惑っていたからこそ、Ａさんとの深いかかわりの中で作戦会議をするとか、息子について聞くといったスタンス（立ち位置）に立つことができていませんでした。また、私のＡさんに対する緊張感はＡさんにも伝わり、おそらくＡさんも打ち解けて話すことが難しく、余計に深いかかわりを持てていなかったと思います。

ＳＶＲから言われた「言えない自分をかかわらせる」ということは難しいですが、心がけて、徐々に距離を縮めていきたいものです。具体的には、今度お会いするときは「若い頃から働き者だったのでしょうね」とか「畑は息子さんも一緒にしていたのですか」などと聞いてみたいと思います。

それから、私はAさんに泣かれるのが怖くて、Aさんが泣きそうになると話をそらしていましたが、Aさんにとって誰かに泣きながら話を聞いてもらえる時間になることは意味のあることかなと思うようになりました。そして泣くほどの想いを話してもらえることは、Aさんをさらに理解することにつながるだろうと思います。

また、制度の不満などを言われることは、私が責められているわけではないと理解して、説明はしても弁明するのではなく、共感し、作戦会議につなげられると、かかわりが深まり、Aさんにとってのソーシャルワーカーになれるかなと思いました。

これまでの訪問はいつも気が重かったのですが、報告発表を終えた今考えると、Aさんは気さくで強く、女性らしく、学ぶところの多い方だと感じます。思えば初対面のときから取り組むべき課題が多く、ゆっくりAさんを感じることができていませんでした。今度ははじめて会うような気持ちで、素直にAさんとかかわりたいと思います。そして、Aさんに限らず、先入観や最初の印象で決めつけることは、相手に対してだけではなく、自分にとってもマイナスになると思いました。

今回のケースは、かかわりに戸惑いつつも、具体的な支援については納得している方だったので、どのようなGSVになるかと思っていました。終えてみると、これまで気がついていなかったことが浮き彫りになり、あらためてGSVの意義を感じました。仕事には慣れてきましたが、慣れでこなしてしまわず、まだまだ謙虚に利用者とかかわる必要があると身に染みました。

貴重なご意見、ディスカッションから新たな発見をたくさんしました。ありがとうございました。

報告についての参加者の感想

斎藤 尚子

① 報告についての感想

私が利用者さんに対しネガティブな感情を抱く場面は、多々あります。大島さんの事例は、そこで私の中に何が起きているのかの気づきをいくつか与えてくださいました。これらの気づきについて、以下にまとめます。

(1) ラベリングする自分

ラベリングすることの弊害を習い、その人自身を見るようにも心がけていますが、サービスを当然の権利として自己主張する方が増えているという言葉に同感で、知らず知らずにラベリングしている自分に気づかされました。私が担当する利用者さんについては、若いうちに統合失調症を発症した方は反抗期を十分に過ごせていないとか、発達障害の方は人が困るような言動をとるものだ等、感じています。それらがラベリングだとわかっており参考に留めるならばまだ良いのですが、気づかず思い込みに振り回され、その人を見失うのは怖いことだと強く思いました。

〔2〕相手へのネガティブな感情を閉じ込める自分

利用者さんに対しネガティブな感情を抱いているにもかかわらず、それがどこから来ているのかを確認しようともせず、ただ閉じ込めて放置し、あたかもネガティブな感情など持っていないふりをして対応する自分がいることに気づきました。私の場合、相手にネガティブな感情を抱く時は、自分の勉強不足からくる対応のできなさからの逃避であることが多く、ネガティブな感情を閉じ込めるということは、自分自身の成長や利用者さんの対応からの逃げを意味していると思われます。少し自分がどう感じているか、気をつけていく必要があると思いました。

〔3〕協働

〔2〕の対応のできなさのヒントとして、利用者さんとの協働が、やはりできていないことを気づかされました。常々、利用者さんとの協働が必要不可欠と教えられているにもかかわらず、利用者さんの真の訴えを聞き取ることができず、かつ自分の意見を強く主張してしまうなど、何年援助の仕事をしても避けることができません。自分の対応を客観的に見ながら、また勉強会等に参加しながら、日々、修正していくしかないのだと思いました。

大島さんはAさんに寄り添いながらAさんの生活範囲を広げることに協力できていたにもかかわらず、それで満足せずに、利用者さんを苦手だと感じる気持ち、かかわり難さを振り返られる姿勢は見習いたく思いました。よい勉強の機会をいただき、ありがとうございました。

②報告についての感想

松崎　圭子

今回のように、私も苦手な方や、戸惑いは日々感じて働いていたので、事例を通じて大変共感しました。自分でも気がつかないうちに避けている事は意外とあるものですね。ですが、気がついてあらためて取り組んだとき、さらに良い関係を築くことになるのではないかと思うと、今後が楽しみになります。

私は、テキパキとしている、せっかちな人に対して緊張しています。自分なんかが何かすることがあるのだろうかと思うと、手が出なくなり失敗してきました。何かしてもらいたいことがあるから相談に来ているのに、自分で勝手に線引きしてしまっていたのだなと、大島さんの振り返りを聞いていて、はっとしました。

困っている事柄に対して、何が必要か一緒に考え探していくことが必要になりますが、苦手と感じている方とそこまでの関係を築くことが大変で、腰を据えて取り組まなければと思うと、また一枚壁が出来てしまうような気がして、ぐるぐると考えてしまいました。

あらためて、自分の対人関係の苦手な部分とも向き合わなければいけない仕事なのだと気が引き締まる思いを持ちました。

今回は事例提出ありがとうございました。

③ 報告についての感想

今井　知子

「明確に主張する方とのかかわり方、「戸惑い」というテーマでお話ししていただきました。

大島さんのAさんとの間に感じる緊張感や、泣いてしまったらどうしようという不安の中に、クライエントとの真摯《しんし》なかかわりの姿勢が感じられました。

私自身、クライエントの意思を尊重すると言いながら、クライエントが自分の予期せぬ方向に動いたり、明らかに現状と矛盾した判断を下したりすると、その場では、すぐに受け入れることができない時があります。しかし、なぜクライエントがその決定に至ったのかといった背景をよく考え、想像してみると、クライエントの決定が無理もない、自然なものだと思えるようになることがあります。そこから、また気をとりなおし、クライエントのもとへ向かい、クライエントの思いを聴き、私自身もどう考えたかを伝える。これを繰り返す中で、クライエントのことを少しずつ理解できるようになってくるのではないかと思っています。テーマに掲げられた「明確に主張する方に対してかかわる際の戸惑い」には、私自身も陥りやすいのですが、支援する側からの思いや視点でとらえているのではないかと思いました。ソーシャルワーカーは何かをしてあげる人ではなく、クライエント自身の持っている力を最大限に活かせるよう、力を引き出したり、それを支える環境を調整したりという存在であると思います。よって、クライエントがどんな状態、環境にあろうとも、本来かかわりは変わらないのだと思います。

しかし、自分の分野と違う領域になると、途端に自分のかかわりが不安になってしまうという点も共感できました。私の勤務場所は、精神科病床を中心とした準総合病院です。よって、精神科だけでなく、一般科のクライエントを担当したり、精神科から一般科へ転棟する方を継続して担当することもあります。一般科病棟へ行くと、時間の流れが速く、医療用語にもついていけず、本来のクライエントと共に考えるという姿勢がぐらついてしまう時があります。

クライエントがどんな環境にあろうとも、どんな状態であろうともクライエントが何を言おうとしているのか、どうしていきたいのかを共に考える姿勢を持っていたいと思いました。貴重なテーマを提供していただき、ありがとうございました。

④ 報告についての感想

片山　嗣大

まず、発表者の出題することにした理由に心を打たれた。「自分の意見をきちんと主張できる方」が、今後権利としてサービスを受けていく時代として、〝主張する方〟がこれから多くなるだろうし、本当は今でもすべての方がそうでないといけないのだと思う。そのような時代だからこそ、今回のご本人（この事例を聞く限り、まだまだ自己主張が強い人はたくさんいるようにも感じるが）のかかわりとその思いが聞けてよかった。

苦手な人・分野がわかっているのは良いことだと私は思うし、以前他の人から同じことを助言してもらったことがある。自分も泣く人や子どものいるケースの危険度の判断が苦手である。最近は、「女性を相談相手として希望する人」を苦手に感じている。女性職員に代わることなど対応方法はあるのだろうが、職場として受けた者が最後まで受け持つことになっている。自分もその方針でよいと思っていることから相談を受けていきたいのだが、相談者の消極的な態度を会話の中で感じると、自分としては困惑してしまう。

また同じように苦手なこととして、「線香をあげる行為」についても自分としては気になった。発表を聞いている時、息子の話題にふれたり、線香をあげたりしたらいいのにと思ったが、そもそも自分ならできるのかと自問した。職場に、ケース本人やその家族などが亡くなった時に、線香をあげるための訪問を設定して、線香をあげに行っている方がいる。その人の動きをすごいと思っている一方、自分にそれができるかというと自信が持てない。まだ、きちんと相談者の死に向き合えていない自分がいるのではないかと思えてきている。

関係者の異動についても、発表者のその時の思いが聞けてよかった。相談者相手との関係での思いを伝えることはあるとは思うが、相談に乗ってもらったり一緒に動いていたり、関係者の異動や動きなどについて、述べられることは少ないように思う。その時々に感じているのだが、つい相談者への感情についての印象が強く、忘れてしまっているのかと思う。

また、発表の中での本人の障害受容について書かれていたところで、感じるところがあった。身体障害者手帳を取っているのだが、数カ月でいろいろと前向きに考えている様子がうかがえた。身体障害だと障害の受容期間が短いのかなと初めに思った。

これまでもそうだったが今も、かかわっている知的障害や精神障害の人の障害受容までの期間が長いように自分は感じる。それは、受容する部分の障害の面なのか、長い人が相談に来るのか？　それともこの事例の方が数年前に発症したため、その中で障害受容のようなものができていたのかなと感じた。

⑤ 報告についての感想

宇佐美　かおり

大島さんのケースを通して、日常の自分自身を思い返していました。「私もそうだなぁ」と、共感するところがたくさんありました。介護保険のサービスや事業所の事情でサービスが思うように受けられない時に、クライエントに〝理解してもらうこと〟が中心となり、納得しない様子が見られると、どう説明したらわかってもらえるか、説明を重ねていく自分がいます。

利用する側になって考えてみれば、そういう制度や事情はわかっても、「なんでそうなの？」と納得できない思いや憤りを、なんでそうなのだろうという気持ちを理解してほしいし、なんで憤りを感じているのかも受け止めてほしい。この気持ちを理解して、クライエントに寄り添うことが大事なのだと思いました。気持ちを理解して、それから、「そういうことなら、これからどうしようね」と、作戦会議ができるようになると、向き合う課題への取り組む姿勢も信頼関係も違ってくるのだと思います。

支援していると、不満を自分に向けられているように感じて、苦しい思いをすることもありましたが、私たちに向けている不満は少なく、その不満を共有するのだという言葉も印象に残りました。

その他の気づきも、じっくり振り返り、普段の支援を見直したいと思いました。
ありがとうございました。

スーパーバイザーからのコメント

「明確に主張する方とのかかわり方、戸惑い」へのコメント

柏木　昭

決められたサービスと当事者のニーズとの距離は大きいと思います。ソーシャルワーカーとしての戸惑いはごく自然な気持です。あらためて間に入るソーシャルワーカーの仕事の大事さを考えさせられます。X年前半のかかわりを振り返って見ることにします。

Aさんがサービスを毎日使えないことについて不満がある、という気持ちについては「それは本当に不便な仕組みですね」と同意しながら、クライエントが乗り気になってきたら、制度の説明を丁寧に説明したらどうでしょうか。

【お嫁さんにもっと頼ったらいいのに、といったソーシャルワーカーの気持ち】はぜひ言語化して伝えてください。今のところ、まだ対話が成立していません。毎日でも介助者が来ることを期待するほど、Aさんは今コミュニケーションを強く求めているのではないでしょうか。

本人に了解を取り、行政が提供している使えそうな支援を探すことについて、Aさんと相談しなが

らやるという「協働」の理念に基づいて、ことを進める姿勢に感心させられました。ただし、Aさんは結果についてあまり嬉しそうな感じがなかったので、ソーシャルワーカーも少々がっかりしたのではないでしょうか。「Aさんも私もどちらを向いて動きだせばよいのか戸惑った」という感慨がありますが、Aさんはそういう具体的なサービスを探すことを期待したのでしょうか。人とのかかわり、ソーシャルワーカーとのもっと厚いかかわりを欲していたのかもしれません。

息子の死に対する追悼、服喪の気持ちなどまったくなかったのでしょうか。実質的なサービスも大事ですが、感情レベルの対応も大事です。何かお話があったのではないかと思いますが、冷たい関係だったのでしょうか。冷たければ冷たいで、また何か思いがあったのではないでしょうか。

うまく話せない、電話は嫌、一人じゃ出かけられない、タクシーは嫌、知り合いに会いたくない、借金のことは嫁に知られたくない、云々と続きました。正直な〝わがまま〟です。Aさんのつらさにソーシャルワーカーとして直に対話を交わしたいところです。

家庭訪問で、Aさんは息を吹き返します。ソーシャルワーカーがきちんと「法テラス」の説明をし、納得して「私向きだね」というところに行き着きました。ソーシャルワーカーの柔軟性を嬉しく思いました。

ソーシャルワーカーとして、とても適切な感慨をそのつど述べておられますが、こういう思いはできるだけ言葉にして伝えることがＳＶＲからの勧めです。

総括

〔1〕待つこと

クライエントはさまざまな思いをいだきながら、ソーシャルワーカーと向かい合います。そうした思いの中には不満とか不安が含まれています。それをクライエントが言語化することは、いろいろな理由からクライエントにとってはやさしいことではありません。理屈を超えた遠慮のような気持ちもあります。またこれはよくわかる気がするのですが、沽券《こけん》にかかわるといいます。沽券とは品位とか、品格という意味です。それから「国のお世話にはならない」といった公的な支援に対する依存への嫌悪感といったものもあります。自立とか自律といった意識が強い場合もあります。

こうした態度を心理療法などでは、クライエントの抵抗などといってかたづけてしまう場合もあります。しかしこれは相手クライエントの人格を尊重する考え方ではありません。ソーシャルワーカーはこうした批判的態度を取って、それにかなう対応の仕方を取る専門職ではありません。相手の落ち度や、失敗の原因を解き明かして、「ならば、こうしたほうがいいでしょう」という指示あるいは指導を行う職業ではありません。

本事例における報告者の姿勢はまさに「待つ」という姿勢です。待つときには相手の「語り」をまず受け止め、気持ちを受け容れることから始まります。

報告者のクライエントが述べた不満に対して、「それは本当に不便な仕組みですね」と同意しながら、クライエントが乗り気になるのを待つという姿勢です。

（2）かかわりを構築する

ソーシャルワーカーは「待つ」という忍耐のいる仕事をして、何を期待するのでしょうか。それは「かかわり」の構築以外の何ものでもありません。クライエントとソーシャルワーカーの関係は現に表明されている問題解決に勝るとも劣らない成果と言えましょう。日常生活のこまごまとしたことについて、解決しなければならないことが多くあっても、それはあくまでもクライエント自身の仕事です。ソーシャルワーカーが代わってやってあげるということは、クライエントが当然自分で自律的に、あるいは自分の欲するままに動き出すのをかえって妨げることになるでしょう。クライエントが動き出すのを待ち、支援することがソーシャルワーカーの仕事です。ソーシャルワーカーが口を出したり、手を出したりすることは相手の人格としての尊厳を傷つけることになります。

右にソーシャルワーカーは「待って」、「かかわり」ができるのを期待すると言いました。必ず好機がやってきます。つまり何かをしてあげるのではなく、「かかわり」を作ること以外に何があるのかということになります。

（3）語りを交換すること

右に「待つ」ことの大事さにふれましたが、「待つ」ことは相手の気持ちの熟するのを待つことでもあります。正確に言うと、気持ちが自分の中でまとまって、語りを交わす上で、ちょうどよい時が来るという意味です。この「ちょうどよい時が来る」というのが、ハーバード大学の神学者P・ティリッヒのいうカイロス（kairos）という時間概念です。この言葉はギリシャ語ですが、星の運行によって計測される、私たちが使い慣れている時間概念であるクロノス（chronos）の対語として使われます。これは村上陽一郎が「時熟」といっているものと同じであると思います。[*1] クロノスが定量的な性格を持っていることに対し、カイロスには定性的な意味を持たせ、クロノスとは異なる独特の「時」を表します。

ある行動を起こすときに「今がそのときだ」というのがこのカイロスの原初的な意味です。しかしこれがキリスト教に適用されるとき、日常起こりうるある特別な意味とは異なる意味が与えられました。それは「神のとき」として照合されるのです。神が正しい時間として指定するものです。神がその子キリストを送るまさにその正確なタイミングをカイロスといいます。神がこの時間を選ばなければ、神の意思は現れることはなかったと言っていい、そういう時間のことです。[*2]

そういうわけで、この神の意思が示されるときを待つそのときに、神は私たちの力を有効化します。それが神の意思にかなえば、ということです。「待つ」ことの意味を神学的に引きつけて考えるのも無駄ではありません。

＊1　柏木昭「特別講義　私とソーシャルワーク」『みんなで参加し共につくる』福祉の役わり・福祉のこころ第四集、聖学院大学出版会、二〇一一年、八五頁もご参照ください。

＊2 D. Mackenzie Brown, *Ultimate Concern: Tillichi in Dialogue*, Harper & Row, New York, 1965, p. 126.（『究極の関心事』邦訳なし）

⑷ 自己開示

Aさんはコミュニケーションを強く求めています。Aさんの支援に使える制度も大事ですが、Aさんが今何を希望しているのかを明確にすることが大事です。コメントにも書きましたが、ソーシャルワーカーの家庭訪問でAさんは息を吹き返します。ソーシャルワーカーがきちんと「法テラス」の機能を説明すると、納得して「私向きだね」というところに行き着きました。SVRとして筆者はソーシャルワーカーの柔軟性を嬉しく思いました。何よりも当事者本人の言い分を聞いていくように支援できる「かかわり」の構築こそ最優先して心がけることが求められます。「一人暮らし」を考えているという自立の気持ちをたたえるとありました。あらためて、サポートとは相手の気持ちに寄り添うことそのものです。これらの行動はすべてこのソーシャルワーカーの優れた自己開示力です。クライエントが納得して、「私向きだね」といった言葉が返ってくることほど嬉しいことはなかったでしょう。

⑸ アセスメント

ソーシャルワーク理論の中で必ず取り扱われるものがこのアセスメントです。これはソーシャルワークではM・リッチモンドにより「社会診断」として論じられ、世に問われた理論です。貧困、病弱、差別の対象としてクライエントが置かれている立場において、ソーシャルワーカーがより優位な立ち位置から、社会資源を活用して救済する方法論として、二十世紀の援助論を風靡《ふうび》しました。しかし弱者という立ち位置を規定すること自体が問われる現世紀に、上からの目線で救済する態度はかえって有害で、相手クライエントを人格的に否定することになるという叡智《えいち》を身につけました。

アセスメントはこちら援助者側の状況の査定です。自分が置かれた状況を知るものは本人自身です。その気になりさえすれば、何を望み、何を実現していきたいかはおのずと明らかになるに違いありません。われわれが「寄り添う」という姿勢を見いだしたことで、「かかわり」を構築すること以外「何もしない」「何も査定しない」ということで、クライエントの自我が弱体化するのを避けることができるようになる、ということを見落としてはならないと思います。

報告者の今後の益々の精進を祈ります。

あとがき

本書には、石川到覚教授の「宗教と福祉――仏教福祉の立場から」と柏木昭教授の「人間福祉スーパービジョン――グループスーパービジョンの経験を通して」の二編が掲載されています。

前者は、聖学院大学（キリスト教大学として）の人間福祉研究において、仏教の立場からも虚心坦懐に学び取ろうとする試みにまさに的確におこたえいただいた、石川到覚教授のご講演の内容をまとめたものです。後者は、聖学院大学人間福祉スーパービジョンセンターにおけるスーパービジョン実践と、研究の導き手である柏木昭教授のソーシャルワーク観をベースにした福祉論の基底を指し示す内容となっています。一見、異なる考察のように感じられるでしょうが、『いま、ここで」のかかわり』という本書の題字がその思いを払拭してくれます。両者ともソーシャルワークの「場」についての考察にほかならないからです。それも洋の東西を問わない普遍を求めようとする呼びかけと希求を内在させるものです。

ところで、柏木教授には「トポス（場）」に関する著作（著者紹介参照）があります。このトポスに言及するときに、右のように記した理由がおわかりいただけるでしょう。「トポス」あるいは「場」とは、何かを包み込んでいる状況を意味している、と理解できます。理論的な解明は他書にゆずりますが、われわれ社会福祉の現場の実感からすると、包み込まれるものと包み込むものとの間は区分が難しく、相互包摂の状況と理解したほうが正確な状況把握になると思われます。

両教授の深い思索の中にそうした人間観が感じられます。


人間観という点から、もう少し立ち入ったことを述べておきましょう。

場についての思索をめぐらせていくと、西田幾多郎の「場所の理論」を思い起こします。氏にとっての場とは、主語・述語の述語的領域の包み込みにその本質があります。主語（主体）に主軸を置く西洋に発する人間観に対し、述語的領域の包み込みの究極までの問いに存在の本質を見いだそうとする東洋的思索がそこにはあります。氏は述語領域の特殊化として主語の存立があると考えます。述語状況を「私」「彼」等に限定し特殊化したのが主語的存立にほかならない。こうした思考を参考に福祉的かかわりの現実を考えていくのです。（こうした哲学的基礎と実践については『人間福祉スーパービジョン——ソーシャルワーカーを支える』（聖学院大学出版会）にもまとめられていますので、ご一読いただければ幸いです。）

福祉における「今ここにあるかかわり」においては、述語の包摂する主語を、その包摂情況に、共感から出発して寄り添っていくことが求められます。そうしてその寄り添いは、主語・主体が神の愛に包摂されてあるときに真に遂行されていきます。それは自我からの離脱を伴います。またその時、そこにある支援者と被支援者と見えた人どうしは、実は寄り添う人どうしであることが理解されるでしょう。

　われわれは絶えずその途上にしかありえないのですが、神の前における相互包摂という場を与えられていることに気づくことになります。柏木教授の説かれるグループスーパービジョンの場とは、このような相互包摂の場の発見への道、さらにはその道を通しての各主語・主体の相互的自立性への道にほかならないと思われます。また石川教授の説かれる福祉への道も、述語的領域情況の人の生の深い受容と、それを可能にする専門性と技術性を備えた主語性ないし主体の阿弥陀如来をはるかに仰ぎ見る無限の歩みが示唆されているように思います。また支援される者と見える人においても、豊かに受容されながら自立的に生きるその歩みは同様でありましょう。両者の宗教的位置の差異はあるものの、おそらくは完遂がないという歩みの同一性がそこにはあります。そうして、社会福祉の現実への接近方法とその場における結実の一瞬一瞬においては、あるいは、寄り添いの実態のプロセスにおいては、両極の融合があるように思われるのです。

　このような事柄を含み、深い考察への導き手の「誘いの文章」を、聖学院大学出版会の努力を経てここに読者にお届けできることは、福祉の学徒の一人として大きな喜びです。

聖学院大学人間福祉学部教授
牛津　信忠

著者紹介

石川到覚（いしかわ　とうがく）

大正大学大学院人間学研究科教授。浄土宗正應寺住職。

一九四七年横浜生まれ。一九七二年大正大学カウンセリング研究科修了後、国立精神衛生研究所（～一九七三年）、神奈川県立精神衛生センター（精神科ソーシャルワーカー）（～一九七八年）を経て、大正大学（一九七八年～現在）。日本仏教社会福祉学会会長、日本精神保健福祉学会会長、日本精神保健福祉士養成校協会会長等。

神奈川県立精神衛生センターのデイケアや相談援助業務などに携わり、並行して神奈川県社会福祉協議会で疾病・障害者のセルフヘルプ・グループ支援システムや精神保健福祉ボランティア学習プログラムの開発に取り組む。東京ボランティア・市民活動センターではボランティアコーディネーター研修システムを開発。日本ボランティアコーディネーター協会監事。浅草寺福祉会館参与としてスーパービジョンを行い、日本精神保健福祉士協会では生涯研修制度やスーパーバイザー養成のシステムづくりなどにも関与。

〔著書〕『精神保健福祉ボランティア』、『セルフヘルプ・グループの理論と展開』、『セルフヘルプ・グループ活動の実際』（中央法規出版）ほか。『現代日本と仏教Ⅳ　福祉と仏教――救いと共生のために』（共著、平凡社）、『仏教の人間学』（共著、すずき出版）、『仏教の人間学Ⅱ――21世紀・仏教はどうあるべきか』（共著、みち書房）、『精神保健福祉士養成講座』（共著、中央法規出版）ほか。

柏木　昭（かしわぎ　あきら）

聖学院大学総合研究所名誉教授・人間福祉スーパービジョンセンター顧問。

一九二七年生まれ。一九五四年ボストン大学スクールオブソーシャルワーク卒業、一九五五～一九八七年国立精神衛生研究所、一九六四年ＷＨＯ研究員として英国留学。同年日本精神医学ソーシャル・ワーカー協会初代理事長、淑徳大学、聖学院大学、聖学院大学大学院人間福祉学研究科教授等を経て、同大学総合研究所名誉教授。日本デイケア学会理事長（二〇〇五～二〇〇八年）、社団法人日本精神保健福祉士協会名誉会長、ＮＰＯ法人けやき精神保健福祉会理事長（東京都杉並区）。

〔**著書**〕『ケースワーク入門』（川島書店）、『改訂 精神科デイケア』（編著、岩崎学術出版社）、『新精神医学ソーシャル・ワーク』（編著、岩崎学術出版社）、『スーパービジョン――誌上事例検討を通して』（共著、日本精神保健福祉士協会へるす出版）『ソーシャルワーク協働の思想――〝クリネー〟から〝トポス〟へ』（共著、へるす出版）、『みんなで参加し共につくる』（共著、聖学院大学出版会）、『人間福祉スーパービジョン』（共著、聖学院大学出版会）ほか。

福祉の役わり・福祉のこころ
「いま、ここで」のかかわり

2013年3月15日　　初版第1刷発行

著　者　　石　川　到　覚
　　　　　柏　木　　　昭
発行所　聖学院大学出版会
〒362-8585　埼玉県上尾市戸崎1-1
電話 048-725-9801 ／ Fax 048-725-0324
E-mail : press@seigakuin-univ.ac.jp

ISBN978-4-907113-01-8　C0036

岸川洋治・柏木　昭 著

福祉の役わり・福祉のこころ 4

みんなで参加し共につくる

A5判ブックレット：
700円（本体）

福祉の実践が「人間の尊厳、一人一人の生きがいが尊重される実践」となるためには、社会福祉に携わる者は、これからは新しいコミュニティの創造に取り組むべきなのではないでしょうか。横須賀基督教社会館館長の岸川洋治氏は「住民の力とコミュニティの形成」と題して、社会館の田浦の町におけるコミュニティセンターとしての意義を、日本の精神保健福祉に長年尽力し、聖学院大学総合研究所名誉教授・人間福祉スーパービジョンセンター顧問でもある柏木昭氏は「特別講義――私とソーシャルワーク」の中で、ソーシャルワークにかかわる自らの姿勢と、地域における「トポスの創出」とクライエントとの協働について語っています。

日野原重明 著

福祉の役わり・福祉のこころ 5

生きがいを感じて生きる

A5判ブックレット：
700円（本体）

前半の「なぜホスピスが必要か」は、2008年11月7日の講演をもとに、後半の「いのちの教育」は、2012年5月17日の講演をもとにまとめられています。本書には、自分の人生をしっかりと受け止め、人生を後悔しないための、また、世界の平和を築く人になるための人生の手本、模範が日野原重明先生によって示されています。多くの若者に自分の人生を考える刺激を与え、大人にも、自分自身の人生を振り返りながら、残された人生をどのように生きるかを考える機会を与える内容となっています。

ヨハン・セルス，チャールズ・E・マクジルトン 著

人間としての尊厳を守るために
――国際人道支援と食のセーフティネットの構築

A5判並製：
700円（本体）

ヨハン・セルス氏は、UNHCR（国連難民高等弁務官事務所）駐日代表として難民支援にあたっています。チャールズ・E・マクジルトン氏は、自ら日本の「困窮者」としての生活を送り、「セカンドハーベスト・ジャパン」というNPOを立ち上げ、食べ物を必要としている人々に食料品を提供する活動を展開しています。本書は人間の尊厳に立ち、人間の尊厳に向かう「当事者」として活動する２人の講演をもとにまとめられています。

◆◆◆ 聖学院大学出版会の本 ◆◆◆

阿部志郎 著

福祉の役わり・福祉のこころ

A5 判ブックレット：
400 円（本体）

横須賀基督教社会館元館長・神奈川県立保健福祉大学前学長、阿部志郎氏の講演「福祉の役わり・福祉のこころ」と対談「福祉の現場と専門性をめぐって」を収録。
福祉の理論や技術が発展する中で、ひとりの人間を大切にするという福祉の原点が見失われています。著者はやさしい語り口で、サービスの方向を考え直す、互酬を見直すなど、いま福祉が何をなさなければならないかを問いかけています。感性をみがき、「福祉の心と専門知識に裏打ちされた専門人」をめざしてほしいと。

阿部志郎・長谷川匡俊・濱野一郎 著

福祉の役わり・福祉のこころ 2

与えあうかかわりをめざして

A5 判ブックレット：
600 円（本体）

本書は、「福祉」の原義が「人間の幸福」であることから、人間にとってどのような人生がもっとも幸福で望ましいものか、またそのために福祉サービスはどのようにあるべきかを福祉に長年携わっている著者たちが論じたもの。
阿部志郎氏は、横須賀基督教社会館館長として「愛し愛される人生の中で」と題し、長谷川匡俊氏は、淑徳大学で宗教と福祉のかかわりを教育する立場から「福祉教育における宗教の役割」と題し、濱野一郎氏は、横浜寿町での福祉センターの現場から「横浜市寿町からの発信」と題して、「福祉とは何か」を語りかけます。

岩尾　貢・平山正実 著

福祉の役わり・福祉のこころ 3

とことんつきあう関係力をもとに

A5 判ブックレット：
600 円（本体）

日本認知症グループホーム協会副代表理事であり、指定介護老人福祉施設サンライフたきの里施設長である岩尾貢氏による「認知症高齢者のケア」、北千住旭クリニック精神科医であり、聖学院大学総合研究所・大学院教授の平山正実氏による「精神科医療におけるチームワーク」を収録。福祉の実践における人へのまなざしとはどのようなものであるべきか。人間の尊厳、一人一人の生きがいが尊重される実践となるよう、共に暮らす人として相互主体的にかかわることに、最も専門性が要求されることが語られています。
